Madame de Staël

Charles Augustin Sainte-Beuve

www.archivosvola.es
rescatando el acervo

*Madame de Staël*
Artículo publicado en la *Revue des Deux Mondes*, París 1835
Traducción publicada en *La España moderna*, Madrid, 1892

ISBN: 978-84-129819-5-7

Hecho en México
(Golfo de México)

Anne-Louise Germaine Necker, Baronesa de Staël-Holstein
(París, 1766-1817)

Charles-Augustin Sainte-Beuve
(Boulogne-sur-Mer, 1804 - París, 1869)

# Madame de Staël

## I

Después de las revoluciones que cambian el aspecto y la organización de las sociedades, cuando todo el camino se ha recorrido vertiginosamente, es agradable detenerse un momento, echar una ojeada retrospectiva y divinizar lugares y figuras. Esta personificación del genio de los tiempos en seres ilustres, favorecida por la distancia que de ellos nos separa, no es, en cierto modo, más que una simple ilusión de perspectiva. Hay representantes naturales y verdaderos de cada momento social; pero desde un punto de vista lejano el número disminuye, los detalles se simplifican y sólo queda, sobresaliendo sobre las demás, una sola cabeza, una figura dominante. Corina, vista desde lejos, se destaca mejor sobre el cabo Miseno.

En cada fase sucesiva de la Revolución francesa, en cada una de sus grandes crisis, aparece un nombre ilustre que asume la genuina representación de un período determinado. En esta pléyade brillante figuran mujeres heroicas las unas, de inteligencia clarísima las otras, de verdadera personalidad muchas de ellas. Produjo en su ocaso la vieja sociedad, heroínas y víctimas, cuyas cabezas aparecen coronadas con los limbos luminosos del martirio; heroínas y víctimas produjo también la naciente burguesía, y más tarde, en época caracterizada por la molicie de la vida social, por la opulencia y el desenfreno del placer, aparecen nombres inolvidables de famosas mujeres. El Imperio ofrece pocas figuras; se encuentra luego la Restauración, y con ella, algunas celebridades femeninas que vienen a ser la encarnación de las costumbres en todos sus matices. Pero estas diversas reputaciones sucesivas que se destacan en cada uno de los períodos de la Revolución, acaban por desaparecer poco a poco, dejando el puesto a una sola personalidad, que las comprende vías resume' a todas, que participa de sus múltiples aspectos, que reúne la delicadeza y la energía, el sentimiento y la virilidad, el espíritu, la inspiración, la elegancia...; suma de condiciones que forman una figura única, un solo nombre inmortal.

De temperamento reformador heredado de su padre, Mad. de Staël simpatizaba, sin embargo, con la sociedad antigua, en cuyos salones se había educado, pasando en ellos los primeros años de su juventud. Los personajes entre los cuales había transcurrido su infancia, aquellos que dedicaban sonriendo un elogio a su rara precocidad, eran los mismos que formaban los círculos más distinguidos de la época. Leyendo en 1810 la correspondencia de Mad. de Deffaud y de Horacio Walpole, se sentía emocionada al ver evocado el recuerdo de aquel gran mundo, en el cual había conocido tantas personas y tantas familias. Si en sus primeros tiempos se hizo notar por un sentimentalismo extremado y una ligereza, censurada por cierta aristocracia envidiosa que veía en ella una infracción de los severos cánones del gran mundo, era precisamente porque Mad. de Staël debía llevar la vida, el movimiento y la novedad de lo imprevisto allí donde fuera. Es cierto que continuó la tradición de los salones, pero supo darles nueva vida llevando a ellos su espíritu delicado y reformador. Tuvo el tacto suficiente para conservar el encanto primitivo, pero no se satisface con una copia exacta de lo antiguo, porque precisamente lo que la caracteriza es la amplitud de su inteligencia, el afán de lo nuevo, la iniciativa, su alma abierta que rechazaba todos los exclusivismos y soñaba constantemente con nuevos y dilatados horizontes.

Por eso, a pesar de sus simpatías por un mundo que representa la tradición, no sólo rompe la monotonía de sus costumbres con atrevida y delicada originalidad, sino que comprende y acepta otro mundo naciente, en el cual se revela el genio del pueblo y la virilidad de las almas republicanas. Los heroísmos de Mad. Rolland y de Carlota Corday, conmueven su corazón; sus antiguas simpatías aristocráticas no se entibian por eso. Verdadera hermana de Andrés Chenier por temperamento, lanza un grito elocuente en favor de la reina, como Chenier por Luis XVI, e indudablemente la hubiera defendido en la barra de tener la más pequeña esperanza de alcanzar su salvación.

Su prestigio creció rápidamente, y en su libro de *La Influencia de las pasiones* expresa toda la tristeza del estoicismo noble de aquellos tiempos de opresión en que no se podía hacer otra cosa que morir dignamente. Bajo el período directorial, sus escritos, su conversación, sin excluir las cualidades precedentes, toman un tono más severo; sostiene la causa de la filosofía, de la perfectibilidad, de la república moderada y libre, como hubiera podido hacerlo la viuda de Condorcet. Entonces, o poco después, en el prefacio de *La Literatura considerada en sus relaciones con las instituciones sociales*, es cuando expresa este pensamiento varonil: "Algunas vidas de Plutarco, una carta de Bruto a Cicerón, las palabras de Catón de Utica en la lengua de Addison, las reflexiones que el odio a la tiranía inspira a Tácito, dan nueva energía a las almas que sienten la laxitud, el decaimiento, ante los sucesos contemporáneos." Estas ideas nuevas, generosas, no impiden que reanude sus relaciones con la antigua sociedad que vuelve del destierro. Por otra parte, aprecia y acoge con simpatía la celebridad de la mujer más en boga en aquel tiempo, Mad. Recamier, la que reunía más bellas cualidades y la más pura. Mad. de Staël se rodea de sus amistades como de una guirnalda, en tanto que las *Cartas de Bruto* permanecen entreabiertas todavía y que M. de Montmorency le sonríe compasivamente. De este modo, o alternando a la vez, mézclanse en su espíritu la tradición de los viejos salones, el vigor de las ideas nuevas, la tristeza del patriotismo estoico, las amistades antiguas y las modernas. Más tarde, a su regreso a Francia después del Imperio, durante los pocos años que vivió, su espíritu siguió abierto a todas las ideas; y, por último, sus relaciones con Mad. Durás acaban de dar a su existencia todos los tonos característicos de las fases sociales porque pasó; fases comprendidas en un espacio que abarca desde el salón semifilosófico y reformador de su madre hasta el realismo liberal de la Restauración. Estudiándola bajo este punto de vista, la existencia de Mad. de Staël es, en conjunto, como un gran imperio de cuya organización so ocupa incesantemente con el mismo brío que cl otro conquistador, su opresor y contemporáneo. Pero Mad. de Staël no se agitaba en un sentido material; no organizaba provincia tras provincia, reino tras reino; lo que sin descanso ordena es su propio espíritu, la inmensa variedad de sus ideas, de sus sentimientos. En los años mejores de su vida, instintivamente, por efecto de su impetuosidad, aspiraba a tener una corte inmensa, el imperio de la inteligencia donde cabe todo lo bueno y todo lo bello, sin que nada se rechace, donde se admiten todas las distinciones del talento, de la alcurnia, del patriotismo, de la hermosura. Como una emperatriz del pensamiento, pretendió encerrar en sus dominios todas las ideas.

La cualidad dominante en Mad. de Staël es la conversación; la palabra viva, brillante, improvisada, brotando siempre con ímpetu de la divina fuente del alma. Todos los contemporáneos se muestran unánimes en esto. Puede decirse de Mad. de Staël lo que de un grande orador ateniense: "¿Si leyendo sus discursos provoca el entusiasmo, qué hubiera sucedido a poder escucharle?" Los adversarios y los críticos, que suelen emplear el procedimiento de ensalzar una cualidad ya consagrada para negar otras que empiezan a revelarse, han elogiado a Mad. de Staël por su conversación; pero sus elogios resultan interesados y pérfidos, aun pareciendo que los inspira la buena fe como los de los admiradores.

Fontanez, en 1800, terminaba los famosos artículos de *Le Mercure* con estas palabras: "Al escribir piensa que está hablando todavía; los que la escuchan no cesan de aplaudirla. Cuando yo la critiqué aún no la había escuchado." Efectivamente, durante mucho tiempo los escritos de Mad. de Staël se resentían de ciertas reminiscencias de la conversación. Al leer, creeríase muchas veces estarla oyendo. Se admira la misma viveza, y se observan algunos giros admitidos en la conversación, pero proscritos de la literatura. Cualquiera que sea el predominio de la palabra sobre el estilo escrito de Mad. de Staël, hay que reconocer que no le sucede lo que a determinados oradores o improvisadores, como Mirabeau, Diderot, Tahn, etc., cuyas obras son inferiores a su gloria. Mad. de Staël ha dejado dignamente asegurada su fama, sin que sean necesarias otras explicaciones que sus mismos libros. Es posible –y M. Chateau-briand lo ha hecho notar en un juicio crítico– que para escribir sus obras más perfectas no necesitase más que un talento: el de la conversación. A pesar de sus defectos –sigue diciendo el mismo Chateaubriand– su nombre figurará en la lista de aquellos que no se olvidarán nunca. Efectivamente, sus escritos, por la imperfección misma de muchos detalles, no dan idea exacta, en algunas ocasiones, de su pensamiento profundo, de su espíritu palpitante y agitado de continuo por un tropel de ideas; sin embargo, como expresión de arte, de poema, la novela Corma sola-mente, constituye un monumento inmortal.

Esa vida de Mad. de Staël, que ofrece dentro de la unidad del talento tan diferentes matices; ese reflejo límpido del alma a través de sus escritos es lo que yo trato de evocar, de resumir en algunos párrafos, para ver si consigo que el lec-tor participe de mis impresiones. Comprendo que el traba-jo es muy delicado, porque hay que luchar con cierta leyenda formada hace tiempo, y que, aun apartándose de la realidad, es muy difícil de destruir. No seguiré paso a paso las biografías de Mad. de Staël; al trazar los rasgos genera-les de su gran espíritu, tendré en cuenta muchos detalles minuciosos, muchos recuerdos que no han aparecido en otras páginas dedicadas a ella.

Mlle. Germaine Necker, educada entre la severidad un poco rígida de su madre y los atrevimientos revolucionarios de su padre, debía naturalmente inclinarse a este último lado. Tenía su sitio en el salón sobre un pequeño taburete de madera colorado cerca del asiento de Mad. Necker, que la obligaba a guardar gran circunspección; pero lo que Mad. Necker no podía evitar eran las respuestas de la niña a personajes célebres, como Grimm, Thomas, Reynal, Gibbon, Marmontel, que se complacían en rodearla, en provocar cuestiones, de las cuales salía siempre airosa. Mlle. Necker de Saussure ha pintado a maravilla esta rara precocidad en unas notas que escribió acerca de su prima. Mlle. Necker leía libros superiores a la inteligencia común en su edad; sentía gran emoción en las representaciones de obras dramáticas, y su juego predilecto era recortar en papel figuras de reyes y de reinas, y reproducir la tragedia o el drama recientemente visto en el teatro. Lo mismo que Goethe, tuvo sus marionetas. El instinto dramático, la necesidad de la emoción y de la expresión empezaban a determinarse vagamente en su alma. A los once años, Mlle. Necker componía retratos, elogios, siguiendo la moda de entonces. A los quince publicó sus *Reflexiones sobre el Espíritu de las leyes.*

En 1781, después de la aparición de este juicio crítico, dirigió a su padre una carta anónima; el estilo hizo que se reconociera en seguida su procedencia. Lo que predominaba en ella era aquella sensibilidad que hasta fines del siglo XVIII, y principalmente por la influencia de Jean-

Jacques Rousseau, reinó sobre los corazones jóvenes y que ofrece un singular contraste con el análisis excesivo y las pretensiones incrédulas del resto de la época. En este desquite, un poco desordenado de las potencias instintivas del alma, los ensueños, la melancolía, la piedad, el entusiasmo por el genio, por la naturaleza, por la virtud y la desgracia, todos estos sentimientos que propagó *La Nueva Eloísa* se apoderaron por completo del espíritu de Mlle. Necker, o imprimieron a toda la primera parte de su vida y de sus escritos un tono ingenuo, exagerado, que no dejaba de tener su encanto aun cuando hiciera sonreír. Esta inclinación se manifestó siempre en su entusiasmo por su padre, entusiasmo que el tiempo y la muerte no hicieron otra cosa que aumentar, superando al de los primeros años de su vida, hasta el punto de aparecer en ciertos momentos como celosa de su madre. Relatando algunos detalles de la vida de M. Necker durante el largo período que estuvo en París, joven y no casado todavía, Mad. Staël ha llegado a decir: "Algunas veces, hablando conmigo, evocaba aquella época de su vida, cuyo recuerdo me enternecía profundamente, aquel tiempo en que yo me lo representaba tan joven, tan amable y tan solo, aquel tiempo en que nuestros destinos hubieran podido unirse para siempre si la suerte nos hubiera hecho contemporáneos." Y luego, hablando de su madre: "Ella lo encontró; pasó su vida con él. ¡Dios la hizo apurar la desgracia de sobrevivirle!" Este culto de

Mad. de Staël por su padre es, aunque más solemne y no menos profundo, semejante al que sentía Mad. de Sevigné por su hija; es verdaderamente hermoso encontrar tan ardientes y puras afecciones en tan grandes espíritus. En Mad. de Staël se observan mejor las profundas raíces de esta veneración fácil; el tiempo siguió su curso; llegó a ver marchitas casi todas las ilusiones de su corazón y de su pensamiento y un solo ser, uno solo entre tantos otros, conservó su prestigio, y sobre su cabeza venerada llegaron a fundirse en un solo cariño todos los cariños, todos los recuerdos, todas las ilusiones de su juventud. Esta cabeza era la de su padre.

En aquella edad de exaltación, los ensueños, las combinaciones novelescas, el sentimentalismo, el vago deseo de sufrir y de morir, era, después del culto singular por su padre, las ocupaciones predilectas de aquella *alma nerviosa y triste que no se divertía más que con lo que la hacía llorar.* Le gustaba escribir dejando que la pluma siguiera las inclinaciones de su espíritu, ocultándose lo mismo que para algunas lecturas de libros no aprobados por la rigidez de Mad. Necker. Yo me la figuro en el gabinete de estudio, bajo la mirada vigilante de su madre, leyendo algún volumen por obediencia y cambiándolo en cuanto podía por alguna novela sentimental de Mad. Riccoboni o de algún otro novelista. En épocas posteriores decía muchas veces que *el robo* de *Clause* había sido uno de los sucesos más trascendentales de su juventud. Esta palabra *robo*, que indica los azares que pasaba Mlle. Necker para apoderarse de libros que la autoridad materna le prohibía, representa todo un mundo de emociones violentas por ser las primeras de la vida, que todo el que tenga una imaginación exaltada y poética se explicará perfectamente. La obra de Mlle. Necker que revela más precocidad, si realmente era suya, es un volumen titulado *Cartas de Nanine a Simphal,* que M. Beuchot ha atribuido a Mad. de Staël, aunque luego en 1818 se haya dicho que no le pertenece. Esta pequeña novela, que no ofrece otra particularidad que la de poner de relieve una imaginación exaltada y juvenil, no difiere, en el fondo, de *Sofía,* de *Mirza,* de *Paulina* y otras producciones de sus primeros años de vida literaria que revelan una gran inexperiencia de estilo y de composición. Yo no he encontrado nada digno de especial mención, que revele el carácter de la escritora, tanto como estas palabras de Nanine: "Fui ayer por la mañana al sepulcro; vertí un torrente de lágrimas, de esas lágrimas puras que arranca un dolor como el mío. Una lluvia copiosa que empapó de pronto la tierra, me hizo creer que la naturaleza tomaba parte en mi amargura. Cada hoja parecía llorar conmigo; los pájaros parecían también conmoverse de mis lamentos. Esta idea se apoderó de tal manera de mi alma, que elevé al Altísimo mis más fervientes oraciones. No pudiendo permanecer más al lado del sepulcro, he venido a ocultar aquí mi tristeza, etc."

15

*Sofía o los sentimientos secretos*, compuesto a los veinte años, es un drama en verso, cuya acción pasa en un jardín inglés junto a una tumba rodeada de cipreses y de árboles fúnebres. Cecilia, niña de seis años, se dirige hacia la triste Sofía, que está devorada por una pasión silenciosa, y le dice:

> "Porque te alejas siempre de nosotros
> Está inquieto mi padre.
> SOFÍA.   ¿Tu padre?
> CECILIA   Sí, amiga
> Tu melancolía le inspira miedo
> SOFÍA .    Explícame esa palabra."

¿No recuerda este fragmento la brusca pregunta de Mlle. Necker a la anciana generala de Mouchv, diciéndole qué pensaba acerca del amor, ocurrencia que tanto divirtió a M. Necker y que su hija gustaba de relatar años después? Había, si no en los primeros escritos de Mad. de Staël, al menos en su persona, una vivacidad que solía degenerar en tristeza, una espiritual petulancia al lado de la melancolía, una facilidad picante, pero que no dejaba lugar a la suspicacia, porque se adivinaba en ella un espíritu sano.

En la obra *Sofía* es donde se encuentran estos hermosos versos, de los cuales se acuerdan todavía con placer algunas personas contemporáneas del autor.

"Sentiréis un día lleno de amargura el corazón al comprender que los buenos sentimientos no producen la felicidad. Cuando se siente un alma abandonada y sola sobre la tierra; cuando se sabe que nadie piensa en nosotros, y que se puede sufrir seguros de que nuestros dolores no harán correr las lágrimas de ningún mortal, llega a mirarse con desprecio la vida; no se ama porque nadie nos ama; los días se amontonan insípidamente y pasan con lentitud sin dejar una emoción."

Las tres novelas publicadas en 1795 y compuestas diez años antes, *Mirza*, *Adelaida*, *Teodora* y *Paulina*, tienen grandes semejanzas de color con *Sofía*, y su prosa fácil les presta mayor encanto. Sus personajes, cualquiera que sea la escena donde a acción ocurra, son siempre desdichados y sensibles; amantes a los cuales la noticia funesta de una infidelidad reduce al estado de sombras errabundas; la decoración suele ser un sepulcro escondido en el seno de un bosque. Yo me figuro leyendo estos episodios sentimentales, estas muertes rápidas, que me encuentro entre los personajes del buen abate Prévost o que me paseo por los bosques de Saint-Ouen, o en los jardines de Ermenonville, donde Mlle. Necker dejaba vagar su poética imaginación. Paréceme reconocer las umbrías donde tuvieron su cuna Mad. de Montolieu y Gothin y Mad. Desbordes Valmore. Estas inclinaciones que informan la primera juventud de Mad. de Staël, no debían durar mucho. Más tarde... bien pronto, impresionada por el espectáculo de las pasiones públicas, amargada tal vez por algún desengaño, se verifica una reacción contra aquella expansión extremada de la sensibilidad.

En su libro *De la influencia de las pasiones*, se esfuerza por vencerse, por moderar su imaginación, sin lograrlo por completo.

M. de Guibert ha hecho un retrato magistral de Mlle. Necker cuando ésta tenía apenas veinte años. Dicho retrato ha sido citado por Mad. Necker de Saussure. Este fragmento parece traducido de un poeta griego, y expresa bien el gusto de la sociedad de entonces; los retratos del duque y de la duquesa de Choiseul han sido dados, según se sabe, por el abate Barthélémy, bajo los nombres de Arsame y de Phedime. He aquí algunos rasgos del de Zulmé, por M. Guibert: "Zulmé no tiene más que veinte años, y es la sacerdotisa más célebre de Apolo. Su incienso es el más agradable para el dios, sus himnos los más agradecidos... En sus grandes ojos negros centellea el genio; sus cabellos, del color del ébano, caen sobre sus espaldas en ondulantes bucles; los rasgos de su fisonomía son más enérgicos que delicados; sin embargo, se admira en ellos la dulzura del sexo." El retrato que yo poseo no discrepa del anterior: "Los cabellos ligeramente rizados, los ojos llenos de claridad vivísima, la frente despejada, los labios entreabiertos, comunicativos, el color animado, el seno palpitante." Tal podía ser la Sofía del *Emilio*, tal el autor de las *Cartas sobre Juan Jacobo*. Constituyen éstas verdaderamente la primera obra de Mad. Staël, y hay que tomarla como punto de partida por ser en ellas donde se observan con claridad las raras facultades de nuestro autor, sólo esbozadas en ensayos anteriores.

Grimm, en su correspondencia, da algunos datos de "esta obra encantadora", como él la llama, y de la cual sólo se hizo una tirada de *veinte* ejemplares, aunque luego no pudo sustraerse a los honores de una edición pública. Antes de dar algunos detalles de este libro, el espiritual tertulio del salón de madame de Necker ensalza a "esa joven rodeada de todas las ilusiones propias de su edad, de todos los placeres, de todos los homenajes que le proporciona la gloria de su padre, y su propia celebridad; de un destino tan risueño, que no ha sufrido todavía ni el más leve disgusto". Las *Cartas sobre Juan Jacobo* son un tributo de agradecimiento al autor admirado y preferido. Así como otros autores disimulan con cuidado o critican desembozadamente a los autores cuyas huellas han seguido, estableciendo una especie de parentesco literario, Mad. de Staël, con franca espontaneidad y nobleza, ensalza a aquél en cuyas obras se inspira, como Dante ensalzaba a Virgilio. Mad. de Staël sentía también en literatura el culto filial. Las *Cartas sobre Juan Jacobo* son un himno, pero un himno lleno de pensamientos profundos, de sutiles observaciones. Todas las futuras obras de Mad. de Staël en su diversidad de géneros, la novela, la moral, la política, se encuentran como presagiadas en este elogio entusiasta, como una obra musical se adivina en la sinfonía. El éxito de estas cartas, que respondían a un movimiento simpático de la época, fue universal.

Grimm habla igualmente de *El Elogio de M. de Guibert*, que sólo se imprimió posteriormente en la edición de obras completas. El entusiasmo de Mad. de Staël no es menor que el que sentía por Juan Jacobo, aunque parezca desde luego menos motivado; pero inició en esta obra valientemente sus ideas políticas, prodigando demasiado la apoteosis. En medio de su exageración patética, no pretendió hacernos admirar a este personaje muy admirado y muy envidiado en su tiempo, y olvidado después de tal modo, que sólo se le recordará, durante algún tiempo, gracias a madama de Staël. M. de Guibert, en su discurso de recepción en la Academia, repitió muchas veces la palabra *gloria*, haciendo traición involuntariamente –dice Mad. de Staël– a su pasión augusta. Por mi parto, yo estoy agradecido a ese espíritu noblemente ambicioso, por haber sido de los primeros que concibieron las ideas y medios de reforma, los estados generales, la milicia ciudadana; pero le agradezco sobre todo el haber augurado con firmeza en los rasgos de Zulmé las grandezas futuras de Corina. Los éxitos alcanzados en la literatura y en el gran mundo, proporcionaron a Mad. de Staël, a partir de esta época, las burlas de los espíritus mezquinos, y más tarde, en 1800, veremos cómo se unen despiadadamente contra ella. Champcenetz y Rivarol, que habían publicado *El Pequeño diccionario de los grandes hombres* en 1788, publicaron dos años después otro *Pequeño diccionario de grandes hombres de la Revolución*, y lo dedicaron *a la baronesa de Staël, embajadora de Suecia cerca de la nación*. Esta dedicatoria da una idea de la animadversión de que era objeto en determinadas esferas. Rivarol y Champcenetz empezaron a emplear las ironías que más tarde habían de acumular contra ella los Fievee, los Michaud y otros muchos. Pero, según dice Grimm, el objeto de estas sátiras estaba a tal altura, que los dardos no llegaban nunca hasta él. Los terribles sucesos de la Revolución francesa vinieron a interrumpir bruscamente este primer período de una vida literaria tan brillante, y a suspender con manifiesta utilidad para el pensamiento, según mi opinión, las fiestas mundanas que se repetían sin darse un solo punto de tregua.

A pesar de su fe absoluta en M. Necker; a pesar de la adopción completa y la reivindicación definitiva que hizo de las ideas políticas de su padre en el libro *Consideraciones sobre la Revolución francesa*, es necesario anotar que Mad. de Staël, joven y entusiasta, avanzó todavía más que M. Necker. No se atenía a las combinaciones de la constitución inglesa; iba mucho más adelante en determinados sentidos que los realistas constitucionales como MM. de Narbonne, de Montmorency, del mismo Lafayette. En una palabra, si se quiere dar una filiación política a un pensamiento tan asequible a todos los entusiasmos, no es en el grupo de MM. Malouet, Monier y Necker donde se la debe colocar, sino entre los realistas constitucionales del 91. Puede verse en sus obras un artículo de periódico, única expresión escrita de su modo de pensar en esta época. En él juzga a Mirabeau muerto de una manera favorable, de la cual posteriormente se retractó.

Mad. de Staël abandonó París –no sin perjuicios– después del 2 de Septiembre. Pasó el año del Terror en el país de Vaud con su padre y algunos amigos refugiados, M. de Montmorency y M. de Saucourt. Desde aquellas terrazas de Coppet, a las orillas del lago de Ginebra, su meditación acostumbrada era comparar el vivo resplandor del sol y la paz de la naturaleza con los horrores que la mano del hombre sembraba por todos lados. Aparte del elocuente grito de piedad que lanzó por la reina; aparte de unos versos *A la desgracia*, su talento guardó un silencio religioso. La angustia sentida por Mad. de Staël durante estos meses funestos no le permitía, en los intervalos en que se olvidaba de las desdichas de los demás, más que desear la muerte para ella y pedir la destrucción de un mundo y una raza irremisiblemente perdidos. "Hasta el pensamiento –decía– parece sumido en un letargo en esta época de tristezas." El

9 Thermidor despertó en ella esta facultad y la empleó en seguida en escribir sus *Reflexiones sobre la paz interior y exterior*, cuya primera parte está dirigida a M. Pitt, y la segunda *A los franceses*. En ésta principalmente se observaba una conmiseración profunda y un deseo de justicia ya calmado, un llamamiento a todas las opiniones no escudadas tras el fanatismo, demandándole el olvido, la conciliación, sentimientos generosos que prueban la elevación de su alma. Hay una inspiración antigua en esta figura de mujer, que se atreve, para hablar a un pueblo, a poner su pie sobre los escombros aún humeantes; hay una gran sagacidad política, una apreciación perfecta de la realidad, en los consejos que le dicta su corazón apasionado. Testigo de los éxitos audaces del fanatismo, Mad. de Staël manifiesta repulsión por sus procedimientos; lo cree inevitable en la lucha y necesario para el triunfo en tiempos de revolución, pero quisiera prescindir de él. No obstante, puesto que al fin ha obtenido la forma republicana, Mad. de Staël invita a todos los espíritus prudentes, a todos los amigos de una libertad honrada, cualquiera que sea su procedencia, a reunirse sinceramente bajo esta nueva fórmula, y conjura a los exaltados a que respeten los hechos. "Me parece –dice– que la venganza no puede dirigirse contra tal o cual forma de gobierno, ni contra las sacudidas políticas que hieren lo mismo a los inocentes que a los culpables." No hay en las revoluciones período más hermoso, según Mad. de Staël,

es decir, más a merced de los esfuerzos y de los sacrificios inteligentes, que aquel en que el fanatismo se dedica a establecer un gobierno fuerte que no dé ocasiones a nuevas desdichas. Se ve, desde luego, que considera el fanatismo como una fuerza física, y habla de él como hablaría de la ley de gravedad, por ejemplo. ¡Gran prueba de la firmeza de su espíritu después de las catástrofes anteriores! Mad. de Staël se muestra, sobre todo, preocupada en esta obra por convencer a los franceses de su partido, los viejos realistas constitucionales, y de hacerles aceptar francamente la nueva forma establecida. "Es muy diferente –les dice– oponerse a una experiencia tan nueva como la de la república en Francia después de que se ha tenido que luchar con tanto obstáculo y derramar tanta sangre para volver al único gobierno posible: la monarquía. Tales conclusiones deben parecer demasiado republicanas a muchos de aquellos a quienes se dirigían; debían parecer al mismo tiempo muy débiles a los convencionales y a los republicanos por convicción. En las obras sucesivas que publicó hasta 1810, Mad. de Staël se connaturaliza más y más con esta forma de gobierno y a las condiciones esenciales que podían mantenerla. La mayor parte de los principios filosóficos que tendían a su desenvolvimiento bajo la Constitución del año III, bien comprendida y mejor respetada, encontraron en ella un órgano brillante durante este período mal apreciado de su vida política y literaria. Sólo mucho después, hacia el fin del Imperio, admitió la Constitución inglesa. En el volumen de fragmentos que Mad. de Staël publicó el año 95 se encuentra, entre tres novelas escritas en su primera juventud, un precioso *Ensayo sobre las ficciones*, compuesto más recientemente, y *Adela y Eduardo*, pequeño poema escrito durante el Terror. Sorprende verdaderamente que en esta situación extraordinaria de todas sus facultades suspendidas le sirviera de solaz este canto sencillo y poético. ¡De tal modo responde la poesía a los más recónditos sentimientos del alma!¡De tal modo se amolda su dulzura a nuestras lágrimas y a nuestros pesares! Pero en este poema en verso, como en las otras tentativas del mismo género, tales como *Juana Gray* y *Sofía*, la intención es mejor que el resultado. Por eso en este poema, impulsada por el sentimiento que la domina., escribe:

"Fijando muchas veces los ojos sobre el hermoso paisaje por donde se extiende el lago cristalino, contemplo esos montes que forman su cauce, retratando su cima augusta en medio de sus aguas. –¡Cómo! –exclamó– esa calma, ese reposo de la naturaleza, ¿no lo puede disfrutar mi corazón agitado? ¿Será el hombre, rodeado de tantas desgracian, la sola, la única excepción en el orden general?"

Este desacuerdo de la naturaleza vestida de fiesta, con los sufrimientos y la muerte del hombre, ha inspirado acentos de amargura y de melancolía a la mayor parte de los poetas contemporáneos. A Byron, en el principio magníficamente irónico del segundo canto de *Lara*; a Shelley, en el triste fin de *Alastor*; a Lamartine, en *La última peregrinación de Childe Harold*; a Hugo, en una poesía de sus *Hojas de Otoño*, Corina misma, en el cabo Miseno, ¿no ha sentido esta misma alta inspiración?

"¡Oh tierra, toda bañada en sangre y lágrimas; tú no has cesado nunca de producir frutos y flores! ¿Y no tendrás piedad del hombre? ¿Su polvo volverá a tu seno maternal sin hacerlo estremecer?"

¿Cómo se explica, pues, que espíritu como el de Mad. de Staël expresara la misma idea tan prosaicamente en los versos copiados? ¿Será –como ha dicho Mad. Necker– que el mecanismo de la versificación se ha perfeccionado de tal modo que el trabajo que exige quita fuerza a la expresión cuando no se tiene costumbre de versificar? ¿Será –como un crítico menos indulgente ha conjeturado– que Mad. de Staël, que divagaba mucho en sus obras en prosa, no pudo encontrar la comisión del verso? Habrá que convenir en que el talento de la poesía es un don especial como el canto de las aves. En Mad. de Staël, lo mismo que en Benjamin Constant, los ensayos de este género fueron muy medianos; su pensamiento tan libre, tan distinguido en prosa, no pudo nunca ser encerrado en el verso.

Todas las facultades de Mad. de Staël, después de la violenta tempestad de la Revolución, adquirieron nuevo vigor. Su imaginación, su sensibilidad, su penetración de análisis y de juicio, se mezclaron, se unieron para producir sus obras más inmortales. El *Ensayo sobre las ficciones*, compuesto entonces, encierra ya toda la poética de *Delfina*. Herida por el espectáculo de la realidad, la imaginación de Mad. de Staël se reconcentra, pero sigue palpitando en todo lo que escribe una vaga ternura que nos hace verter dulces lágrimas. Pero al mismo tiempo es por la verdadera novela natural, por el análisis y el movimiento de las pasiones humanas por los que Mad. de Staël se decide entre todas las ficciones; las admite, pero descartando la mitología, sin alegorías de ningún género, sin que entre para nada lo sobrenatural, sin objeto filosófico demasiado explícito. Clementina, Clarisa, Julia, Werther, testigos todos del gran poder del corazón, como ella los llama, son citados, en primer término, como un consuelo apetecido por el alma; fácil es predecir, al ver la emoción con que hablaba de ellos, que muy pronto iba a nacerles un hermano. Una nota de este *Ensayo* menciona con elogio *El Espíritu de las religiones*, obra comenzada entonces por Benjamin Constant, y publicada treinta años más tarde. Mad. de Staël había conocido al autor en Suiza, en el mes de Septiembre del 84; había leído algunos capítulos de este libro que, al principio, en la concepción primitiva –digámoslo de pasada– era mucho más *filosófico* y estaba más de acuerdo con los resultados del análisis del siglo XVIII, que lo estuvo después de modificado. El *Ensayo sobre las fic-*

*ciones* nos ofrece ya, en su rapidez espiritual, un gran número de esas frases vibrantes y profundas, de esos deliciosos matices de sentimiento que constituyen la melodiosa poesía de Mad. de Staël; parece que hasta las notas más brillantes de su voz están empañadas por las lágrimas. Su acento conmueve, por ejemplo, cuando dice: *Dans cette vie qu'il sent passer plutôt que sentir, etc. Il n' y a sur cette terre que des commencements...* [En esta vida que siente pasar sin sentirla, etc. Sólo hay en este tierra inicios...] y este pensamiento tan aplicable a sus propias obras: "Sí; bueno es un libro, aunque sólo dé al dolor un día de distracción."

Pero este género de inspiración sentimental, este misterioso reflejo salido de los senos más recónditos del corazón ilumina por completo el libro *De la influencia de las pasiones*, y tiene un encanto indefinible que para ciertas naturalezas y a cierta edad de la vida no es superada por la impresión de otro libro cualquiera, ni por la melancolía de Ossian, ni por la de Obermman. Las primeras páginas del libro son muy notables bajo el punto de vista político. En efecto, el autor, que no trataba extensamente más que de la influencia de las pasiones sobre la felicidad de los individuos, tenía necesidad de profundizar, en una segunda parte, en la influencia de las mismas pasiones sobre la felicidad de las sociedades, y las cuestiones principales que anunciaba este análisis son ensayadas en una introducción elocuente.

Luchando todavía con el recuerdo del pasado monstruoso que la persigue, Mad. de Staël pugna por desechar de la memoria "aquella espantosa imagen que renueva todos los terrores del alma y que hace desear la muerte".

Las generaciones venideras podrán estudiar fríamente esos dos últimos años, pero ella no quiere volver la vista atrás; mira solamente hacia el porvenir, separa las ideas generosas y aparta ciertos principios de los cuales no quiere hacerse solidaria. Su juicio sobre la constitución inglesa es formal; cree que puede en lo sucesivo pasarse en Francia sin las ficciones consagradas por esta institución aristocrática de nuestros vecinos. Existe allí, no por el antagonismo y el equilibrio de los poderes, sino por fuerzas en una misma dirección aunque con diferentes grados de intensidad.

En todas las ciencias –ha dicho– se principia por lo más compuesto con objeto de llegar a lo más simple; en mecánica se empieza por los aparatos sencillos hasta llegar a la máquina complicada. "Sin querer hacer de una comparación una prueba, cuando hace cien años la idea de la libertad apareció en Inglaterra, la organización del gobierno inglés alcanzó el mayor punto de perfección que entonces podía desearse; pero hoy, con bases más sencillas, pueden conseguirse en Francia, después de la Revolución, resultados semejantes, y, bajo algunos puntos de vista, superiores a aquéllos." Francia –añade– debe, por lo tanto, persistir en esta gran experiencia con la esperanza en el porvenir ya que los desastres pertenecen al pasado. "Dejadnos –dice a Europa–; dejadnos combatir, vencer, sufrir, morir con nuestras afecciones para renacer luego de nuestras propias cenizas y asombrar, tal vez, al mundo. ¿No os entusiasma que una nación entera se coloque en la vanguardia para afrontar todos los prejuicios y ensayar todos los principios? María-Josefa Chenier hubiera debido acordarse de tantas páginas inspiradas por el genio libre de estos años de esperanza, en vez de lanzar una dudosa frase acerca de Condorcet. Hacia el fin de la introducción, Mad. de Staël vuelve a ocuparse de la influencia de las pasiones individuales, de esa ciencia de la felicidad moral, y acaba con elocuencia conmovedora. La necesidad de expansión, la piedad nacida de las amarguras pasadas, la solicitud para consolar las penas ajenas, esa maternidad del genio para todos los infortunios de los hombres, se desborda en palabras imposibles de calificar. En ninguna parte se ve tan claramente como en esas admirables páginas la elevación de alma do Mad. de Staël. Había en sus escritos, en su conversación, en toda su persona, un espíritu sano que se comunicaba a todos los que la escuchaban y que sienten palpitar en sus libros, los que los leen, como si aquella alma generosa viviese encerrada en sus páginas. Bien diferente de las altanerías de las Saras y de las Selias, en Mad. de Staël no se observa ni una sola arrogancia irónica contra la pobre humanidad. A pesar de su predilección por las figuras incomparables de sus novelas, cree firmemente en la igualdad de la gran familia humana; Mad. Necker de Saussure nos enseña que la desproporción de las facultades intelectuales no significa casi nada dentro del gran principio de la igualdad humana. Sea o no exacta esta teoría, ello es que Mad. de Staël dirige su voz a todos los hombres de corazón sano, aplicándoles el mismo nivel. El efecto de su palabra es siempre consolador para sus semejantes. En el libro *De la influencia de las pasiones*, ha expresado muchas de las ideas que aparecen también en las *Consideraciones sobre la Revolución francesa* de M. de Maistre, escritas y publicadas precisamente en la misma fecha; ¡pero qué diferencia de tono! M. de Maistre se complace en burlarse de los hombres ofendiéndolos con su inflexible rigidez y juzgando fríamente los desastres sin que una sola fibra de su corazón responda a los dolores de la humanidad: Mad. de Staël, descartando algunas inocentes ilusiones, penetra mejor que M. de Maistre en el fondo de los hechos. No analizaré el libro; sólo recomiendo que se lea el capítulo *Del amor*; es la historia íntima de todo corazón de treinta años. Recuerdo una frase, entre las muchas que esmaltan esas páginas, *La vie de l'âme est plus active que sur le trone des Césars* [La vida del alma es más activa que en el trono de los Césares]. Si me detengo mucho en el examen de estas antiguas obras de Mad. de Staël, *La Influencia de las pasiones* y *La Literatura*, es que empecé a conocerla y a apreciarla por ellas; es que leí, sobre todo la primera, no a los veinticinco años como ella desea, sino mucho antes, en esa edad en que todo es sencillo, riguroso, en política, en amor; en esa edad llena de solemnes resoluciones, en que creyéndonos los más infortunados de los seres, se sueña ardientemente con el progreso y la felicidad del mundo; en esa edad en que el exceso de las esperanzas confusas, de las pasiones poderosas, se disimulan bajo un estoicismo que parece eterno y se renuncia fácilmente a todo precisamente porque todo nos impresiona. Aun hoy, esas dos obras *De la influencia de las pasiones* y el libro de *La Literatura*, me parecen producto glorioso de una época que tuvo su gloria, de la época directorial, o, mejor dicho, de la Constitución del año III. Las dos me representan, con su aire de juventud, la poesía y la filosofía exaltadas, entusiastas y puras de este período republicano. M. de Chateaubriand y el movimiento reaccionario no habían llegado todavía. Solamente Mad. de Staël propagaba el sentimiento y el espiritualismo poético, pero de acuerdo con la filosofía y el siglo.

El libro *De la influencia de las pasiones* fue acogido favorablemente. *Le Mercure* publicó algunos fragmentos, seguidos de grandes elogios. Mad. de Staël había regresado a Paris, y desde aquel año, el 95, hasta su destierro, pasó en la capital largas temporadas. No necesito ocuparme al detalle de su conducta política, porque ella misma la explica en sus *Consideraciones sobre la Revolución francesa*, y sería aventurado suplir lo que ella no dice, con hipótesis más o menos admisibles. Sin embargo, en un espiritual fragmento sobre Benjamin Constant, publicado por la *Revue des Deux Mondes*, se da una idea inexacta de Mad. Staël y sus relaciones de entonces, siguiendo un error muy extendido que me veo en la precisión de rectificar. El salón de Mad. de Staël en París se presenta como un círculo de malcontentos, de partidarios del antiguo y del nuevo régimen, incompatibles con una república pura y hostiles a su definitivo establecimiento. Benjamin Constant aparece, por el contrario, en el candor del noviciado, inclinado hacia los republicanos moderados, hacia esos mismos *patriotas*, esas almas sanguinarias que figuran en el salón de Mad. de Staël. Exacto y bien informado respecto a las opiniones de Benjamin Constant, no ha hecho la misma justicia el ingenioso escritor a Mad. de Staël. Cualquiera que fuera la heterogeneidad inevitable de su salón, igual a la de todos los salones de esta época, sus ideas eran las mismas y elevadas como siempre. Sin atenerme a lo que ella expresa en sus *Consideraciones*, no presentaré otra prueba que sus escritos del 95 al 1800 y los resultados ostensibles de sus actos. Hay, en general, dos clases de personas, a las cuales no se deben consultar ni creer cuando se trate de las relaciones de Mad. de Staël durante este período; de una parte los viejos realistas fieles a la tradición pura; éstos la acusan de alianzas monstruosas, de jacobinismo, ¡qué sé yo de cuántas cosas!; de otra parte hay que recusar también a los convencionales más o menos ardientes que pasando por Fructidor y Brumario sirvieron, finalmente, al Imperio. Ni unos ni otros hicieron nunca justicia a Mad. de Staël.

Los amigos políticos, los verdaderos amigos de Mad. de Staël en esta época, deben buscarse en el brillante grupo donde figuran Lanjuinais, Boissy-d'Anglas, Cabanis, Carat, Daunon, Tracy, Chenier. Ella los estimaba y los buscaba; su amistad con alguno de ellos fue muy grande. Desde el 18 de Brumario, con interés más vivo, la oposición de Benjamin Constant al Tribunado estrechó más y más aquellos vínculos. Solamente, como más adelante veremos, encontró entre estos amigos políticos, celosos defensores que protestaron contra las injurias que la dirigía el partido contrario. Dicho esto, me apresuro a decirlo, nunca presentaré a Mad. de Staël más consecuente en materia de ideas, más circunspecta en materia de relaciones, más exclusivista, en fin, de lo que fue realmente. Exclusivista nunca lo fue, lo he indicado desde el principio, y lo demuestra que al mismo tiempo que su inteligencia varonil se declaraba por la causa republicana, su espíritu simpatizaba con opiniones y sentimientos muy distintos, y sus gustos eran de una naturaleza mucho más frívola en infinidad de cosas. Si Garat, Cabanis, Chenier, Ginguené, Daunon, se reunían a comer en su casa con Benjamin Constant una vez a la semana, los demás días eran dedicados a otros amigos, a otros gustos sociales, a las expansiones del sentimiento. M. de Montmorency o cualquier otro personaje de la misma esfera, no se encontraron nunca, ni por casualidad, el día en que los escritores de la revista la *Décade philosophique* comían juntos. Ginguené hizo esta observación, y no se mostraba muy satisfecho de estas separaciones sospechosas que parecían sobreentender una predilección por la aristocracia. Sus compañeros lograron que fuera tolerante. El encanto de la conversación de Mad. de Staël y su amabilidad, mantenían la cordialidad de relaciones.

El libro *De la literatura considerada en sus relaciones con las instituciones sociales* apareció en 1800, un año antes de otro libro glorioso, *Bellezas morales y poéticas de la religión cristiana*. Si el libro *De la literatura* no ha influido después como era lógico esperar, alcanzó al aparecer un éxito inmenso y provocó un violento combate. Trataré de reconstituir la escena, los accidentes principales, y de exhumar algunos actores que yacen sin nombre en la fosa común de esos vastos cementerios llamados *periódicos*.

Se ha observado muchas veces un desacuerdo sorprendente entre los principios políticos avanzados de algunos hombres, y sus principios literarios diametralmente opuestos. Los liberales y los republicanos suelen mostrarse religiosamente clásicos en sus teorías literarias; las innovaciones audaces han tenido su origen frecuentemente en el bando conservador. El libro *De la literatura* estaba destinado a evitar este desacuerdo lastimoso, y el espíritu que lo inspiró hubiera ciertamente conseguido mayores resultados si las instituciones de libertad política, necesarias a un desenvolvimiento natural, no hubieran interrumpido bruscamente las ideas morales y literarias que en el libro aparecían. En una palabra, las generaciones jóvenes, si hubieran tenido tiempo de formarse bajo un régimen prudentemente directorial o moderadamente consular, hubieran podido favorecer el desarrollo de esta inspiración poética, sentimental, y, por lo tanto, de acuerdo con los resultados de la filosofía y de los progresos modernos. El divorcio, el desacuerdo, no ha cesado, pues, todavía.

La idea que más fija la atención de Mad. de Staël en la obra de que trato, es la perfectibilidad indefinida de la especie humana. Esta idea que ya en Bacon se encuentra cuando dice: *Antiquitas sœculi, juventus mundi*; que M. Leroux ha encontrado explícitamente indicada en el siglo XVIII y en más de un pasaje de Fontenelle y de Serrault; esta idea de la cual se valió Turgot para un discurso en la Sorbona y que entusiasmaba a Condorcet, es también expresada por Mad. de Staël enérgicamente. "Yo no pienso –dice– que esta gran obra de la naturaleza moral haya sido nunca abandonada; en los períodos luminosos como en los siglos de tinieblas, la marcha gradual del espíritu humano no ha sido nunca interrumpida." Y dice luego: "Estudiando la historia, me parece que se adquiere la convicción de que todos los grandes sucesos tienden a un solo fin: la civilización universal..." "Yo admito con todas mis facultades esta creencia filosófica; una de sus principales ventajas es la de inspirar un sentimiento de elevación." Mad. de Staël no ha sometido a la ley de perfectibilidad las bellas artes, las que más particularmente dependen de la imaginación; pero cree en el progreso, sobre todo en las ciencias, la filosofía, la historia misma, y también, en determinados conceptos, en la poesía, que es de todas las artes la que más directamente depende del pensamiento, tomando en los tiempos modernos acentos de profunda melancolía, de tristeza, llegando al análisis de las pasiones humanas. En este sentido, se declara su predilección por Ossian, por Werther, por Helvira de Pope, la Julia de Rousseau y Amenaïde en *Tancredo*. Las numerosas apreciaciones sobre la literatura griega, muy discutibles por la ligereza de los detalles, son exactos bajo un punto de vista general, en medio de los errores y de las insuficiencias. El carácter elocuentemente filosófico de la literatura latina, aparece en Mad. de Staël con firmeza; se ve que se ha inspirado en Salustio y en Cicerón, y que admite relaciones existentes o posibles con la época contemporánea, con el genio heroico de Francia. La influencia del cristianismo sobre la sociedad, después de la mezcla de los bárbaros y los romanos degenerados, no le es del todo desconocida, pero esta apreciación, este homenaje, están reducidos a términos filosóficos. Una idea nueva y fecunda, llevada a la práctica en estos últimos tiempos, desenvuelta por el sansimonismo y otras escuelas, pertenece, en justicia, a Mad de Staël; la Revolución francesa motivó una verdadera invasión de bárbaros dentro de la sociedad misma; era necesario civilizarlos, combinar los elementos bajo un régimen de libertad y de igualdad. Se puede fácilmente hoy día completar el pensamiento de Mad. de Staël; en el 89 se verificó la invasión de la burguesía; el pueblo de las últimas capas sociales que abrió la brecha en el 93, ha sido rechazado después en muchas ocasiones, y la burguesía se ha parapetado tras de fuertes murallas. Hoy día no hay invasiones; atravesamos un período de reposo como Roma bajo el imperio de Probo. Nuevas invasiones nos amenazan, sin embargo, y falta saber si se podrán dirigir y moderar por medios pacíficos, o si no se podrán evitar los procedimientos violentos. En ambos casos será necesario organizar y combinar los elementos resultantes. Sobre la masa combinada de bárbaros y de romanos influyó el cristianismo; ¿dónde está el nuevo cristianismo que ha de prestar, llegada la ocasión, su concurso moral? "Dichosos nosotros –exclama Mad. de Staël– si encontramos, como en la época de invasión de los pueblos del Norte, un sistema filosófico, un entusiasmo por la virtud, una legislación enérgica y justa, que sea, como la religión cristiana lo fue, lazo de estrecha unión entre vencedores y vencidos." Más tarde, cuando Mad. de Staël tenía más años y menos fe en el acierto humano, consideró el antiguo cristianismo como única tabla de salvación. Para los espíritus reflexivos, aun los más religiosos, la inquietud que produce el gran problema no ha disminuido.

Al aparecer el libro *De la literatura*, la *Décade philosophique* publicó tres artículos sin firma y sin iniciales; constituían un análisis muy exacto y muy detallado con observaciones críticas, en las cuales iban compaginados el elogio y la justicia. Se hacía observar que Ossian no es más que una figura incompleta de la poesía del Norte y que el honor de representarla pertenecía de derecho a Shakespeare. Se lee, a propósito de los poemas de Homero, esta frase que anuncia a un literato al corriente de los diversos sistemas: "Mad. de Staël admite, sin género de duda y sin discusión, que esos poemas son obra de la misma persona y anteriores a lodo otro poema griego. Estos hechos han sido frecuentemente discutidos, y una de las consideraciones que prueban que lo pueden seguir siendo, es la imposibilidad en que se está de conciliarlos con muchos de los hechos mejor comprobados de la historia de los conocimientos humanos." El crítico censura el libro por falta de plan y de método. "Otro género de faltas –añade– es la sutilidad exagerada de ciertas combinaciones de ideas. Se aplica algunas veces a hechos generales bien comprobados, causas demasiado ingeniosamente buscadas para ser absolutamente verdaderas, demasiado particulares para responder a los resultados conocidos." Pero elogia francamente la fuerza y la originalidad. "Estas dos cualidades –dice– agradan tanto más, cuando se sabe que son el producto de una sensibilidad delicada y profunda, que gusta de buscar lo más elevado, lo más semejante a los grandes sentimientos del espíritu."

*La Clef du cabinet des souverains*, periódico publicado por Panckouke, ocupándose de la obra de Mad. de Staël, insertó las *Observaciones* debidas al médico literato Roussel, autor del libro *De la mujer*; pero lo más notable fue un juicio de Daunon muy ingenioso y exacto, en el cual las observaciones son más bien insinuadas que expresadas, según la discreta costumbre de este sabio escritor, cuya autoridad da caracteres de perfectibilidad a todo lo que escribe. El *Journal des Débats* acogió en sus columnas, aunque tachando algo, mi artículo encomiástico de M. Hoclict; pero tres días después, como si hubiera sido sorprendida su buena fe, publicó, bajo el título de *Variedades*, un artículo sin firma, en el cual no se nombraba a Mad. de Staël, pero en el que el sistema de perfectibilidad y las desastrosas consecuencias que se le suponen, son viva y violentamente combatidas. "El genio que preside los destinos de Francia, es el genio de la sabiduría. Tiene delante de sus ojos la experiencia de los siglos y de la revolución. No hace ningún caso de vanas teorías y no ambiciona la gloria de los sistemas; sabe que los hombres han sido siempre lo mismo; que nada puede cambiar su naturaleza, y sólo en el pasado busca lecciones y reglas para el presente. No está dispuesto de ningún modo a proporcionarnos nuevas desdichas con nuevos ensayos, persiguiendo la quimera de una perfección imposible, etc., etc." Los artículos más célebres relativos a Mad. de Staël, fueron los dos de Fontanes en *Le Mercure de France*.

La reacción monárquica, religiosa y literaria de 1800, se iniciaba ya en todas partes. Bonaparte favorecía el movimiento porque debía aprovecharse de él. El *Journal des Débats* restableció solemnemente la crítica literaria y declaró en un artículo de Geoffroy que "la extinción de los partidos, la tranquilidad pública establecida sobre bases sólidas y un gobierno fuerte, sabio y moderado, habían, por fin, proporcionado al pueblo francés el reposo suficiente para darse cuenta de sus ideas." Dussault, Feletz, De Calot, Fiévée, Saint-Víctor, el abate de Boulogne, escribían frecuentemente en este periódico. *Le Mercure de France* había sido restablecido o al menos reformado, y en el primer número apareció el primer artículo de Fontanes contra Mad. de Staël. Con Fontanes escribían La Harpe, el abate de Vauxcelles, Queneau de Mussy, M. de Donald, M.

de Chateaubriand y muchos de los escritores de Los Débates. Cada número de *Le Mercure* era anunciado con grandes elogios por su auxiliar diario que reproducía largos fragmentos. Había vuelto a abrir sus puertas el Liceo en la calle de Valois, y La Harpe pronunció contra el siglo XVIII y contra la Revolución sus brillantes y sinceras palinodias que *Les Débats* del día siguiente y *Le Mercure* de la semana, reproducían comentándolos. "El caos formado por los años de lucha y de confusión ha producido tristes resultados" –escribían en *Les Débats*– y para remediar los desórdenes del gusto, proponía el restablecimiento de la antigua *Academia francesa*. M. Michaud, de vuelta del destierro adonde le había conducido el 18 de Fructidor, publicaba sus cartas a Delille *sobre la piedad*, preparando su poema *La Primavera de un proscrito*. Con motivo de la reimpresión hecha en Londres del *Poema de los jardines*, se obligó el *Virgilio francés* a romper por fin un destierro voluntario, a volver a Francia, que era ya digna de él; se le citó el ejemplo de Voltaire que, refugiado durante algún tiempo en Londres, no pudo prolongar una ausencia que hubiera sido punible. La aparición del *Genio del cristianismo* dio un esplendor incomparable a esta restauración, ya brillante de por sí, rodeándola de una aureola de gloria.

Mad. de Staël, que salía de la Revolución, que se inspiraba en la filosofía, que censuró el reinado de Luis XIV y que soñaba con un ideal de restablecimiento republicano, debía ser considerada por todos los hombres de este campo como enemiga, como adversaria. En primera línea figuró Fontanes con su crítica meticulosa y poco benévola. Elogia la obra de Mad. de Staël cuando la consagra a la gloria de Rousseau: "Después de esta fecha, los ensayos Mad. de Staël parece que no han alcanzado el mismo aplauso." Censura luego el sistema de perfectibilidad; presenta a Mad. de Staël exaltada por la perfección sucesiva y continua del espíritu humano, conmovida ante la corrupción de los tiempos, en situación semejante a la de aquellos filósofos de que habla Voltaire: "Que gritaban *Todo es bueno* con voz plañidera."

De esta contradicción, que no es más que aparente, sacó gran partido. Los partidarios de la perfectibilidad, como es natural, censuran el presente, o por lo menos lo desacreditan; los incrédulos de la perfectibilidad son menos irascibles y aceptan de mejor grado las cosas existentes tratándose de acomodarse a ellas. Fontanes, explotando esta contradicción picante, dice que siempre que el sueño de la perfectibilidad se apodera de los espíritus, los imperios están amenazados de grandes catástrofes... "El docto Varrón contó en su tiempo más de 488 opiniones sobre el soberano bien... de la época de Mario y de Sila. Es un placer como otro que se da el espíritu humano." Según Fontanes, que cita a este propósito una frase de Condorcet, es a Voltaire a quien se debe esta *consoladora* idea de la perfectibilidad. La crítica parte de ella para aminorar espiritualmente la cuestión y para reducirla poco a poco a las dimensiones de este verso de *El Mundano*: *Oh! le bon temps, que ce siècle de fer!* [¡Ay estos tiempos, este siglo de hierro!].

Es, efectivamente, el mejor resumen y el más elegante que puede hacer de todo lo que ha sido relatado con este motivo. El espíritu varonil y serio de Mad. de Staël debía sentirse afligido por esta crítica burlona y rastrera. En la intimidad exclamaba con impaciencia: "¡Oh! Si yo fuera hombre, aunque fuera pequeño, ¡cómo contestaría a esos antifilósofos!" El primer artículo de *Le Mercure* terminaba con este *post-scriptum* memorable: "Cuando las cuartillas de este artículo fueron a la imprenta, la casualidad puso en nuestras manos una obra inédita todavía que se titula *Las Bellezas morales y poéticas de la religión cristiana*. Publicaremos algunos fragmentos, en los cuales el autor trata de una manera nueva las mismas cuestiones que Mad. de Staël." Así empezó la rivalidad entre Mad. de Staël y M. de Chateaubriand. Fontanes, protector y sostenedor de este último, atacó al autor de *La Literatura*; en *La Décade* Ginguené, que debía elogiar a *Delfina*, atacó el *Genio del cristianismo* en represalias, no vacilando en declarar que dicha obra, exageradamente elogiada, había nacido muerta. Atengámonos nosotros a juicios desapasionados sobre estos dos contemporáneos ilustres.

En su segundo artículo, Fontanes venga a los griegos de la invasión *del género melancólico y sombría; género peculiar del espíritu del cristianismo y muy favorable, por lo tanto, a los progresos de la filosofía moderna.* Parece que en la primera edición, Mad. de Staël había escrito esta frase modificándola después: "Anacreonte pertenece a siglos muy *anteriores* de la filosofía que entraña su género." –"¡Ah! –exclama Fontanes– ¿qué *mujer* digna de inspirar sus canciones se ha expresado jamás de este modo al hablar del pintor del amor y del placer?" Respecto a la fantasía melancólica en las *Impresiones solitarias* que Mad. de Staël niega a los griegos, pregunta dónde se observa mejor. ¿Había olvidado ya, por consiguiente, la lectura confidencial que acababa de hacerle de *René*? Estos artículos, por otra parte, están llenos de detalles y apreciaciones muy justas. Cuando defiende a Homero contra Ossian alcanza el triunfo fácilmente, y en esta querella mantenida entre el Norte y el Sur recuerda que las poesías más melancólicas han sido compuestas hace más de tres mil años por el árabe Job. Los artículos de Fontanes hicieron mucho ruido y excitaron en diversos sentidos las pasiones. ¿Será necesario, después de citados estos artículos, citar los de Geoffroy, que exponía en ellos las mismas ideas aunque sin la urbanidad maliciosa y la gracia elegante de Fontanes?

Al publicar la segunda edición del libro de *La Literatura*, que apareció seis meses después de la primera, Mad. de

Staël intentó refutar los argumentos de Fontanes y poner en claro la cuestión, descartando de ella los habilidosos distingos con que Fontanes la había embrollado. La autora sólo se venga personalmente del crítico citando con elogio su poema *Día de los muertos en el campo*, pero fustiga sin piedad ese *falso buen gusto* que consiste en revestir con un estilo vulgar ideas más vulgares todavía. Tal sistema es menos expuesto para la crítica. Esas frases, tan conocidas, son como los inquilinos de una casa: se les deja pasar sin preguntarles nada. No existe un solo escritor, elocuente o pensador, cuyo estilo no contenga expresiones que hayan asombrado a aquellos que las han leído por primera vez. Se ve que Mad. de Staël no se contenta tan fácilmente como Boileau cuando escribía a Brochette: "Bayle es un gran genio; es un hombre que ocupa un sitio preeminente; su estilo es enérgico y claro; se entiende todo lo que dice."

Pensaba Mad. Staël, y con razón, que hay un estilo superior todavía al suyo. Su segunda edición dio motivo a un artículo de *Les Débats*, en el cual se la dijo como respuesta al pasaje precedente del nuevo prefacio: "Todos los buenos literatos convienen en que la forma de nuestro idioma ha sido fijada y determinada por los grandes escritores. Es necesario distinguir en un idioma lo que pertenece al gusto y a la imaginación, de lo que nada tiene de común con ellos. Nada impide hoy día inventar nuevas palabras cuando son absolutamente necesarias; pero no debemos inventar nuevas figuras, so pena de desnaturalizar nuestra lengua o falsear sus caracteres." A esta extraña afirmación dio una respuesta *La Décade*; creo que la contestación es de Ginguené: el crítico filósofo se ve precisado a declararse innovador en literatura para refutar la crítica de *Les Débats*, "El espíritu no quiere perfeccionarse". "Si hubiera habido en tiempos de Corneille periodistas que hubieran usado parecido lenguaje, y Corneille y sus sucesores hubiesen sido a su vez tan tontos que les hicieran caso, nuestra literatura no se hubiera elevado de Malherbe, de Regnier, de Voiture y de Brébeuf. Este hombre es el mismo que quiere continuar ahora el *Anuario literario*, de Freron; no es digno de ello." Se ve que es a Geoffroy a quien Ginguené atribuye, quizá equivocadamente, el artículo de *Les Débats*. Se ve naturalmente obligado a citar una nota de Lemercier, añadida al poema de *Homero* que acababa de aparecer. "Los pedantes –dice Lemercier, entonces innovador– se fijan en las palabras y no en los hechos. Se preocupan mucho al escribir para emplear eso que llaman *negligencias de estilo*. Subligny encuentra cuatrocientas faltas en la *Andrómaca* de Racine; muchos de los versos donde se encuentran son inmortales. ¡Los críticos acusan a Boileau de no escribir en francés! El genio tiene su lengua... ¿Quién no sabe que por Ennio y Lucrecio se atacaba a Horacio y Virgilio? Su latín era desconocido la víspera del día en que aparecieron. Se dirá, como de costumbre, que esta afirmación abre la puerta al mal gusto, ¿pero acaso puede estar cerrada?" ¿No prueban todas estas citas, que los hombres del movimiento político y republicano hubieran sido los llamados a dirigir el movimiento literario si las sacudidas del despotismo no hubieran esterilizado sus iniciativas?

En la *Biblioteca universal e histórica* de Le Clerc, año 1867, a propósito de las *Observaciones* de Vangelas, se encuentra una juiciosa protesta anónima contra la reglamentación rigurosa de la frase, contra las restricciones de algunas metáforas que el uso ha admitido. Los espíritus libres en cuestiones literarias leerán con agradable sorpresa este fragmento, como agradablemente nos sorprendemos también al encontrar algunas de las ideas del 89 en Fenelón.

Me complace –lo confieso– poder responder con frases ajenas a ciertas afirmaciones que me parecen poco aceptables en las teorías literarias admitidas por muchos de nuestros atrevidos políticos y por algunos críticos jóvenes. Los defensores de un gusto exclusivista y de una lengua fija, desempeñan un triste papel en literatura. Tienen el oficio de sembrar obstáculos al talento, y cuando alguno se hace hueco a viva fuerza, se aprovechan de él para impedir el paso a los que vienen detrás. Hace veinte años oponían una barrera a Mad. de Staël y a M. de Chateaubriand. Cuando estos la franquearon se sirvieron de su triunfo para molestar a los demás que querían también llegar a la meta. Este oficio podrá tener su utilidad y su mérito; todo talento debe pasar su cuarentena, pero convengamos en que el papel no es muy lucido.

El artículo más notable a que dio motivo el libro de La Literatura, es una larga carta de M. de Chateaubriand, inserta en *Le Mercure de France*. La carta, dirigida *al ciudadano Fontanes*, está firmada "El autor del *Genio del cristianismo*". Este libro tan anunciado no había aparecido todavía. Su joven autor, con perfecta cortesía y a vuelta de mil elogios, combate los principios de Mad. de Staël. "Concede –dice– a la filosofía, lo que pertenece a la religión. Mi locura consiste en ver a Jesucristo en todas partes; Mad. de Staël en cambio ve la perfectibilidad. Deploro mucho que la autora no haya desarrollado religiosamente el sistema de las pasiones; la perfectibilidad, en mi opinión, no es el instrumento del cual es necesario servirse para medir las debilidades." Y añade en otro párrafo: "Algunas veces Mad. de Staël parece cristiana; pero en seguida la filosofía la domina. Inspirada de cuando en cuando por su sensibilidad natural, deja libertad a su alma; pero en seguida el afán de la *argumentación* anula los más nobles impulsos de su espíritu. En su libro hay una mezcla singular de verdades y de errores." En los elogios se observa cierta maliciosa galantería. "En amor, Mad. de Staël comenta a Fedro, Sus observaciones son delicadas, y se ve por ellas que ha entendido perfectamente el texto." La carta termina con un apostrofe elocuente: "He aquí lo que yo me atrevería a decirla si tuviera el honor de conocerla: Sois, sin duda, una mujer superior; vuestra inteligencia es poderosa y vuestra imaginación brillante; vuestra expresión es casi siempre soberbia... Pero a pesar de todo esto, vuestra obra no es lo que hubiera podido ser. El estilo es monótono, sin movimiento, enmarañado por las expresiones metafísicas. La sofistería de las ideas desagrada, la erudición no satisface, y el corazón aparece siempre sacrificado al pensamiento. Vuestro talento no brilla; la filosofía lo oscurece. He aquí como yo hablaría a Mad. de Staël. Luego añadiría: Parece que no sois dichosa; echáis de menos –y lo decís en vuestra obra– corazones que os comprendan. Hay muchas almas que buscan en vano otra alma gemela. ¿Cómo la filosofía va a suplir ese vacío? ¿Cómo llenar el desierto con el desierto?, etc." Mad. de Staël deseó conocer al autor de la carta de *Le Mercure*, y esta polémica fue el origen de la unión entre estos genios, cuyos nombres y cuya gloria estamos acostumbrados a enlazar. Esta unión, no fue, por lo tanto, lo que algunos imaginan; siguieron en sus campos respectivos, separados por un límite, y cada cual en el suyo conservó su personalidad y sus méritos. No lo comprendieron así algunos escritores. Michaud escribía a Mad. de Staël: "Habéis derrotado a ese pobre Chateaubriand; supongo que se dará por muerto." Adorador del genio griego y de las pompas del catolicismo, Chateaubriand no simpatizaba con el predominio del pensamiento y de la intención sobre la forma, y desconocía, por lo tanto, la belleza de ciertas ideas delicadas, espirituales. Su admiración por Mad. de Staël no llegaba a la que Mad. de Staël le tributaba sinceramente. Sin embargo, por casualidad o por olvido involuntario, Mad. de Staël le cita poco en sus numerosas obras. En el prefacio de *Delfina* dedica algunas frases a *El Genio del cristianismo. Sus mismos adversarios –dice– deben admirar la imaginación original, brillante y extraordinaria del autor.* M. de Chateaubriand, en un artículo de *Le Mercure,* acerca de M. de Bonald, devuelve en algunas líneas el elogio a Mad. de Staël; pero a pesar de estos mutuos homenajes, se comprende que conservan sus respectivas posiciones y que siguen siendo adversarios. Chateaubriand y Mad. de Staël permanecían separados. Sólo después, al juzgarlos, la posteridad los ve juntos por un efecto de perspectiva, formando la doble columna sobre la cual se sustentaba el siglo naciente. Las generaciones posteriores a *Los Mártires* y a *Corina,* consideramos a los dos autores como dos glorias inseparables.

Si verdaderamente existen grandes diferencias en su manera artística, no es menos cierto que en el fondo hay gran semejanza entre ambos autores. Los dos aman la libertad; a los dos mortifica una misma tiranía; los dos son capaces de sentir la grandeza de los destinos populares sin abjurar de sus simpatías aristocráticas; los dos trabajan por el predominio del sentimiento religioso, aunque bajo aspectos muy diferentes. Al mismo Chateaubriand es a quien Mad. de Staël dijo estas hermosas palabras: "Soya siempre la misma: amo a Dios, a mi padre y a la libertad." En política, como en filosofía, pensaron de distinto modo. En las *Consideraciones sobre la Revolución francesa*, no era nombrado tampoco Chateaubriand. Este, por su parte, en un fragmento publicado por *Le Conservateur*, tributaba un respetuoso elogio a Mad. de Staël; pero siempre con las mismas reservas de adversario cortés. El desacuerdo cesó de pronto. Una mujer, Mad. Recamier, que por singular coincidencia había conocido a Chateaubriand en casa de Mad. de Staël en 1801, que en 1814 volvió a encontrarlo en la misma casa, fue el lazo de unión entre ambos. M. de Chateaubriand modificó sus primeros juicios, y la barrera que los separaba rodó deshecha por el suelo.

Estas piadosas alianzas de los genios rivales honran a nuestro siglo. Goethe y Schiller, Scott y Byron, Chateaubriand y Mad. de Staël... Voltaire insultó a Juan Jacobo..., la humanidad los reconcilia... Racine y Moliere no simpatizaban; vedlos hoy juntos. Hay en todo esto una grandeza poética indefinible...

## II

Se observa en Mad. de Staël, después de la publicación del libro de *La Literatura*, una inspiración noblemente ambiciosa, una disposición de espíritu que conserva hasta el año 1811, en que se verifica en ella un cambio radical. Considérala antes la literatura como un órgano de la sensibilidad, como expresión del sentimiento. Se desesperaba, se quejaba de ser calumniada; pasaba del estoicismo mal sostenido a la lamentación elocuente; quería amar..., quería morir. Pero de pronto se da cuenta de que el dolor no mata; que las facultades del pensamiento, que las potencias del alma se engrandecen con el dolor; comprende que no será nunca amada como ella ama y que es necesario emplear en algo la vida. Entonces piensa seriamente en utilizar sus facultades, su talento..., en no abatirse..., y se lanza fieramente a la lucha. "¡Seamos fuertes –exclama en el prefacio de su libro–; no abandonemos el campo a nuestros enemigos; no les proporcionemos la satisfacción del triunfo y el placer de decir que han abatido nuestras facultades intelectuales! ¡Busquemos la gloria nosotros los que hasta ahora nos contentábamos con el cariño!" Su corazón, que hasta entonces sólo había albergado el sentimiento, albergó la ambición de la gloria. Su bajel, combatido por la tempestad al salir del puerto, había buscado el abrigo de la playa. Ahora la playa quedaba atrás; el barco desafiaba el poder de las olas y las hendía lanzándose a alta mar. *Delfina*, *Corina*, el libro *La Alemania* fueron las conquistas sucesivas de la gloriosa aventura.

Mad. de Staël en 1800 era joven todavía; pero esta juventud de más de treinta años no le había dejado ni una sola ilusión. Dirigió sus ojos a tiempo al horizonte esplendoroso de la gloria, unido el otro horizonte, el de su juventud, comenzaba a empalidecer. Corina marca el punto prominente de la vida de Mad. de Staël. Toda existencia humana tiene su monte sagrado; su capitolio. El capitolio, el cabo Miseno de *Corina* es también el de Mad. de Staël. Después... la juventud que huye, las persecuciones que crecen, las amistades que se entibian, la salud que se pierde, todo contribuye, como veremos, a la agonía del genio que muere al fin en la sombra. A contar desde 1811, sobre todo, examinando el fondo del pensamiento de Mad. de Staël, encontraremos gradualmente el recogimiento de la religión, el dolor, los ímpetus contenidos y aquel espíritu hasta entonces violento como un océano, tranquilo también a veces como él, llegó al último límite, a la playa donde mueren las ondas. Veremos, en fin, al término de esta existencia gloriosa como al término de la existencia más humilde, una modesta cruz. Pero al prescindir Mad. de Staël de los sueños del sentimiento, de las esperanzas y de las decepciones novelescas, estamos todavía en los felices años del triunfo.

Si el libro de *La Literatura* tuvo éxito tan grande, no fue menor el de *Delfina*, publicado a fines de 1802. Júzguese lo que debía ser este libro en una sociedad exaltada por las vicisitudes políticas, por los conflictos, cuando *El Genio del cristianismo* acababa de poner en boga las discusiones religiosas, en la época del Concordato y de la modificación de la ley sobre el divorcio. Benjamin Constant ha escrito que quizá en las páginas que Mad. de Staël consagra a su padre es donde mejor puede verse su espíritu; pero es según el libro que se lee. "*Corina* –dice Mad. Necker de Saussure– es el ideal de Mad. de Staël; *Delfina* es la representación de su juventud." *Delfina*, para Mad. de Staël, es una personificación de sus años de puro sentimiento y de ternura, en el momento mismo en que, desligándose del pasado, le envía un supremo adiós y entra en el templo de la gloria.

En *Delfina*, el autor ha querido hacer una novela muy natural, de análisis, de observación moral y de pasión. Por mi parte, aunque me parecen encantadoras todas sus páginas, creo que la novela no es tan *natural*, tan *real* como Mad. de Staël anunció en el *Ensayo sobre las ficciones*. Se observan algunos de los defectos de *La Nueva Eloísa*, y la forma de cartas se presta mucho a los convencionalismos literarios.

Uno de los inconvenientes de la forma epistolar en las novelas es que desde el primer momento los personajes escriben sus cartas respectivas demasiado de acuerdo con el carácter que se les atribuye. Desde la primera carta de Matilde se adivina su carácter áspero y seco, y la rigidez de una devota. Leoncio, en su primera carta a M. Bartón, diserta sobre el honor, que es su rasgo distintivo. Todas las cartas de Clara d'Orbe (nueva Eloísa) son alegres, alocadas... En una palabra: los personajes de las novelas por cartas, desde el momento en que cogen la pluma parece que se retratan, que se presentan al lector sin omitir los más insignificantes detalles personales...

El procedimiento resulta fastidioso. Pero admitido este defecto de forma, ¡cuánta delicadeza y cuanta pasión hay en Delfina! ¡Cuánta sensibilidad y qué penetración más sutil de los caracteres! A propósito de ellos hay que decir que eran tanto más difíciles de pintar por no existir en la sociedad aquella modelos que facilitasen la tarea. Yo no creo en las copias exactas de los novelistas de imaginación fecunda; trasladan a sus páginas los rasgos esenciales, pero nada más; solamente se reproduce a la perfección un carácter cuando el autor lo crea por entero. Pero entonces había que buscar un modelo vivo para cada figura. Delfina se parecía evidentemente a Mad. Staël; pero, ¿á quién se parecían M. de Sebensei, Mad. de Ceslebe, Matildey Mad. de Vernon? En Mad. de Ceslebe créese reconocer a Mad. Necker de Saussure; en en M. Sebensei, a Benjamin Constant; pero en este último caso el retrato no es completo; sólo está lo brillante, lo que resalta; por otra parte, la mitad, por lo menos, de las alabanzas tributadas a las cualidades de M. de Senbensei no pueden dirigirse al original sino a título de consejo. En cuanto a Mad. Vernon, el carácter mejor trazado del libro, según todos los críticos, créese adivinar, aunque con la alteración del sexo, el retrato del más famoso de nuestros políticos, de aquel a quien Mad. Staël había hecho borrar el primero de la lista de los emigrados, empujándole hacia el poder antes del 18 de Fructidor, y que sólo la había correspondido por egoísmo con una amistad cortés y fría.

"El día –dice Mad. de Staël– en que la señal de la oposición fue dada en el Tribunado por uno de mis amigos, debía yo reunir en mi casa a muchas personas, cuyo trato me complacía en extremo, y que eran adictas todas al nuevo gobierno. Recibí diez tarjetas de excusa. No me sorprendieron la primera y la segunda; pero, a medida que las tarjetas se sucedían, empecé a sentir gran turbación." El hombre a quien había servido generosamente se apartaba de ella, enviándole una simple tarjeta de excusa. Pero Mad. de Staël, como Delfina, no podía vivir sin perdonar. En 1808 se dirigía desde Viena a este mismo personaje como a un antiguo amigo con el cual se cuenta; le recordaba sin amargura el pasado: "Hace trece años me escribíais desde América: *si sigo aquí un año más, me muero*. Lo mismo podría yo decir ahora." Luego añadía estas palabras impregnadas de tristeza: "Adiós; ¿sois dichoso? Con un espíritu tan superior, ¿no habéis llegado nunca al fondo de todo, es decir, hasta el dolor?" Sin pretender que Mad. de Vernon sea en absoluto un retrato algo disimulado, y sin la pretensión de identificar por completo con el modelo a esta mujer cuya amabilidad seductora no deja tras sí más que descontentos, a esta mujer de conducta tan complicada y conversación tan sencilla, que da dulces entonaciones a su palabra y tiene cierto aire soñador durante el silencio, etc., etc., nos ha sido imposible no fijar la atención en uno de los rasgos. "Nadie sabe mejor que yo –dice Mad. de Vernón en la carta XXVIII– hacer uso de la indolencia; me sirvo de ella perfectamente para contrarrestar la actividad de los demás. No me he tomado el trabajo de *querer* cuatro veces en mi vida; pero cuando me decido a ello, voy sin vacilar por el camino que me he trazado hasta conseguir mi objeto." Yo veía en esta frase expresado con toda claridad algo muy característico aplicable a la hábil indolencia del personaje citado, ruando una tarde oí a un notable diplomático, al cual se preguntaba si iba a volver pronto a su puesto, responder lo siguiente: "No tengo prisa nunca. Era yo muy joven todavía cuando M. de Talleyrand me dio esta regla invariable de conducta: *No os apresuréis nunca.*" ¿Acaso no consiste en esto toda la teoría de Mad. de Vernón?

Puesto que nos ocupamos de los rasgos reales que pueda haber en los personajes de *Delfina*, no nos debemos olvidar de uno que revela el alma de Mad. de Staël. En el final de *Delfina* (hablo del primitivo, que es el más bello), la heroína, después de haber agotado todos los ruegos con el juez de Leoncio, sabe que el hijo del magistrado está enfermo y lanza este grito sublime: *Eh bien! votre enfant, si vous livrez Leonce au tribunal, votre enfant, il mourra! il mourra!* [ ¡Y pues! vuestro hijo, si entregáis a Léonce al tribunal, vuestro hijo morirá; morirá!] Esta frase de Delfina fue realmente pronunciada por Mad. Staël cuando, después del 18 Fructidor, corrió tras el general Lemoine para solicitar la gracia del perdón para M. de Norvins que iba a ser fusilado. El sentimiento de humanidad dominaba impetuosamente en su espíritu sin concederle un momento de tregua. En 1802, inquieta por la suerte de Chenier, amenazado de proscripción, le buscó solícitamente, ofreciéndole asilo, dinero, pasaporte. ¡Cuántas veces hizo lo mismo, durante el año 92 y en todas las épocas de su vida!

"Mis opiniones políticas son los nombres propios" –decía–. ¡Ah, no! ¡Sus opiniones políticas estaban basadas en principios; pero los nombres propios, es decir, las personas, los amigos, los desconocidos, todo aquel que sufría, tenían un lugar en su alma generosa, y los principios políticos se oscurecían ante el principio hermoso de amor a la humanidad!

Cuando *Delfina* apareció, la crítica no se pudo contener; había dado con una gran obra. Todas las opiniones, en efecto, sobre la religión, sobre la política, sobre el matrimonio, eran de gran oportunidad en 1802. El *Journal des Débats* publicó un artículo firmado A. (de M. de Feletz), artículo de tono agridulce, pero sumamente cortés; la crítica de salón se hacía órgano de las censuras de la gran sociedad que renacía. "Nada más peligroso y más inmoral que los principios propagados por esta obra. Olvidando aquellos en que ha sido educada la hija de M. Necker, el autor de *Las Opiniones religiosas* desprecia la revelación. La hija de Mad. Necker y del autor de una obra contra el divorcio, hacen la apología del divorcio." En suma; *Delfina* era reputada como "una obra detestable escrita con mucho talento". Creo que este artículo pareció poco razonado, porque el mismo periódico insertó algunos días después dos cartas dirigidas a Mad. de Staël firmadas *El Admirador*: las cartas son de Michaud.

En la primera carta examina la tendencia de la novela, que reputa inmoral. La segunda carta se reduce al examen del estilo. "...*¡La elevación de los principios, el terreno de los siglos, los misterios de la suerte, las almas desterradas del amor!...*" Esta fraseología continental en parte, espiritualista, incoherente, da motivo a las burlas del autor de la carta. M. de Feletz encontró y anotó cierto número de verdaderas incorrecciones y algunas palabras como *insistance, persistance, vulgarité*, que han sido admitidas a pesar de su veto. Podría censurarse en *Delfina*, haciendo una crítica detallista, ciertas repeticiones, consonancias, pequeñas faltas que Mad. de Staël no evita y en las que nunca incurre un artista escritor.

Mad. de Staël, para quien la palabra "rencor" no tenía sentido, hizo amistad con el autor de las cartas al encontrarlo un día en casa de M. Suard, en aquel salón donde se escuchaban imparcialmente todas las opiniones. El periódico *Le Publiciste*, dirigido por M. Suard, no tomó parte en la discusión, y se redujo a publicar un artículo de Hochet favorable a *Delfina*.

En este mismo tiempo *Le Mercure* publicaba otro artículo firmado F., tan violento y personal, que el *Journal de Paris*, en cuyas columnas M. de Villeterque había juzgado severamente la novela, sobre todo bajo el punto de vista moral, no pudo menos de mostrar su asombro de que un artículo de semejante estilo, apareciera en *Le Mercure* al lado de otro que ostentaba una firma muy apreciada por los amigos del buen gusto y de la decencia. Se leía, en efecto, entre otras cosas: *Delfina habla de amor como una bacante; de Dios como un cuáqueo; de la muerte como un granadero; de la moral como un sofista*. Fontanes, a quien se señaló como autor del artículo, a causa de la inicial, escribió al *Journal de Paris* para condenar el artículo, que era, efectivamente, del autor de *La Dote de Susette* y de *Federico*. ¿Acaso en nuestros días no hemos visto una algarada semejante contra la mujer más eminente en literatura, después de la autora de *Delfina*? En *Les Débats* del 12 de Febrero de 1883, Gastón daba cuenta de un folleto en 8.°, de 800 páginas, titulado *Delfina convertida*. En él se hacía decir a Mad. de Staël: "Acabo de entrar en la carrera que muchas mujeres han recorrido con éxito, pero no quiero tomar por modelo ni la *Princesa de Clèves*, ni *Carolina*, ni *Adela de Senange*." Este folleto calumnioso no es más que un cúmulo de frases, tomadas a Mad. de Staël y desnaturalizadas por completo. Mad. de Genlis, que adoptó el papel de moralista, hizo insertar en la *Biblioteca de las novelas* una larga noticia, en la cual, a vuelta de mil falsedades, presentaba a Mad. de Staël como la apologista del suicidio. Mad. de Staël, que, por su parte, había citado con elogio a *Mlle. de Clermont*, dijo por toda venganza: "Ella me ataca y yo la alabo; Mad. de Genlis censuraba en sus *Memorias* a Mad. de Staël, acusándola de ser *ignorante*, lo mismo que antes la había acusado de ser *inmoral*... Pero, al fin, ¡Dios sea loado! aparece arrepentida en una novela titulada *Athenais*, de la cual hablaremos. La influencia de Mad. Recamier, acostumbrada a tales milagros, había conseguido tal efecto.

Necesito pedir perdón por evocar, al hablar de *Delfina*, las censuras agrias é injustas y remover tanto cieno; pero es conveniente, cuando se quiere seguir y trazar la marcha triunfal de un autor, anotarlo todo, hasta las trivialidades más despreciables.

La violencia en el ataque suele producir una reacción a favor del atacado. Los amigos de Mad. de Staël se indignaron, y Mad. de Staël fue enérgicamente defendida. De los dos artículos insertados por Ginguené en *La Décade*, el primero comienza en estos términos: "Ninguna obra ha llamado desde hace mucho tiempo la atención, tanto como esta novela. Ha obtenido un éxito de esos que suelen pagarse. Muchos periodistas, cuya opinión es conocida de antemano con sólo saber el nombre del autor, se han pronunciado violentamente contra *Delfina*, o, mejor dicho, contra Mad. de Staël. Han atacado a una mujer con incalificable brutalidad y con la seguridad de que su grosería había de quedar impune." Refiriéndose luego al estilo, dice: "Propiamente hablando, no son las que se le imputan faltas de idioma, sino vicios del mismo idioma, en los cuales, dado su talento, no hubiera incurrido con sólo fijar su atención." Lo que Ginguené no dijo, es precisamente aquello que debió oponer como argumento en respuesta a las fútiles acusaciones de impiedad é inmoralidad de ciertos críticos groseros y charlatanes; es a saber: la elevación de ideas religiosas que se encuentran expresadas en más de un pasaje de *Delfina*. Sirva de ejemplo la carta de ésta a Leoncio, en la que le invitá tener fe en la religión natural y a abrigar una esperanza común de inmortalidad; otro hecho elocuente: Cuando M. Sebensei, escribiendo a Delfina combate las ideas cristianas de perfeccionamiento por medio del dolor é invoca la ley de la naturaleza, llevando al hombre al bien, *Delfina* no se da por convencida, no cree que el sistema bienhechor de que se le habla responda a todas las combinaciones reales del destino, y que la dicha y la virtud sigan sobre la tierra un mismo sendero.

No es, sin duda, el catolicismo de Teresa de Ervins el que triunfa en *Delfina*; la tendencia es deísta, protestante, de un protestantismo unitario que no difiere gran cosa del que profesa el Vicario saboyano. En cuanto a la acusación lanzada sobre *Delfina* de atentar contra el matrimonio, me parece, por el contrario, que la idea primordial del libro es el deseo vehemente de la felicitad dentro del matrimonio; un sentimiento profundo de la imposibilidad de ser dichoso de otro modo, una confesión de obstáculos, entre los cuales es el mayor el desacuerdo social de los mutuos destinos. Esta idea de *la felicidad en el matrimonio* ha perseguido siempre a Mad. Staël. En *La Influencia de las pasiones* habla con exquisita ternura en el capítulo *Del amor*, de dos viejos esposos, todavía amantes, que la autora encuentra en Inglaterra. En el libro de *La Literatura* ha citado con gran complacencia los hermosos versos con que termina el primer canto de Thompson sobre la primavera, y en los cuales se celebra la unión perfecta de las almas, esa unión en que ella no cree.

En *Delfina*, el cuadro dichoso de la familia Belmont, no representa otra cosa que ese edén doméstico tan deseado por la autora. M. Necker, en su *Curso de moral religiosa*, trata de este género de felicidad garantizada por la santidad del lazo. Mad. de Staël, fantaseando tan frecuentemente sobre esto, no necesita ir lejos a buscar ejemplos; no pudiendo citar su propia dicha, recuerda la de su madre. Que la lectura de *Delfina* turba el espíritu, es un hecho; es necesario reconocerlo. Pero esta turbación sólo es peligrosa para las almas inocentes. En los espíritus ya formados no produce otro efecto que una expansión saludable del sentimiento.

En justa correspondencia al buen proceder de *La Décade* y al auxilio que todos sus escritores, literatos o filósofos, le habían prestado, Mad. de Staël habló siempre bien de ellos en sus obras. Exceptuando a Chenier, con el cual se mostró un poco severa, jamás mencionó a ninguno de los miembros de este grupo literario sino para enaltecerlos como en memoria de una antigua alianza. Pero su destierro, a fines del año 1803, sus relaciones germánicas, aristocráticas, menos equilibradas, la llevaron a otras esferas y extinguió rápidamente aquella inspiración peculiar del año III, de la que he intentado dar una idea. Obligada a alejarse de París, se dirigió a Alemania, se ejercitó en la lectura del alemán y se esforzó en aprenderlo; visitó Weimar y Berlín, y conoció a Goethe y a los príncipes de Rusia. Empezó a reunir entonces los primeros materiales de una obra que completó luego en su segundo viaje.

Lanzarse tan decididamente al otro lado del Rin era romper con Bonaparte de un lado, y del otro con las costumbres de la filosofía del siglo XVIII. Tal es, generalmente, la conducta de los grandes espíritus. Cuando se les cree en un punto determinado, están precisamente en el punto contrario. Como los grandes generales, no se detienen nunca; veis brillar las hogueras del campamento sobre la colina, os dirigís a ella, y al llegar os encontráis con que el ejército que suponíais acampado os ataca por el flanco. La muerte de su padre hizo que Mad. de Staël se trasladara rápidamente a Coppet. Después del duelo, de los funerales y de la publicación de los manuscritos de M. Necker, volvió a partir, en 1804, con dirección a Italia. El amor de la naturaleza y de las bellas artes surgió en ella de pronto bajo los rayos de un nuevo sol.

De regreso en Coppet, en 1805, y ocupándose en escribir su novela-poema, Mad. de Staël no pudo vivir mucho tiempo alejada de aquel París donde tanto había brillado. Entonces es cuando se manifiesta en ella esa inquietud creciente, esa *nostalgia de la capital* que perjudicaba un poco a la severa dignidad de su destierro, pero que demostraba la sinceridad de su espíritu. Una orden la retenía a cuarenta leguas de París; pero instintivamente se fue acercando, y estuvo en Auxerre, en Châlons, en Blois, en Saumur. Parecía esta estrategia una partida de ajedrez jugada con Napoleón y Fouché, representados por un prefecto más o menos rigorista. Cuando logró establecerse en Rouen, arrancando una concesión a la ley, tuvo el placer de una partida casi ganada. Pero estos pequeños pueblos de provincias ofrecían pocos recursos a un espíritu tan activo. Las pequeñeces de aldea la sofocaban; le faltaba aire que respirar. La conversación de Benjamin Constant disipaba a duras penas su mal humor. "El pobre Schlegel –decía– se muere de fastidio; Benjamin Constant se entiende mejor con los *animales* del pueblo, y no deja de distraerse."

Viajando en 1808 por Alemania, decía: "Todo esto que veo aquí es mejor, tal vez, que la Francia; pero algo de Francia, nada más que algo, me gustaría mucho más." Dos años antes, cuando vivía en una provincia francesa, no se expresaba así; entonces París era su única aspiración. Finalmente, gracias a la tolerancia de Fouché, que tenía por conducta no perjudicar a nadie cuando el perjuicio era inútil, consiguió establecerse a diez y ocho leguas de París (¡qué gran conquista!), en Acosta; entonces se encariñó con *Corina*. Repasando el libro, debió exclamar como Ovidio: ¡Oh, libro mío, tú eres dichoso! ¡Irás a París, pero irás solo! En Acosta, como en Coppet, la nostalgia de la gran ciudad abrumaba su espíritu. El año 1806 le pareció larguísimo; por fin llegó a París una tarde, después de avisar su viaje a unos cuantos amigos, y se paseaba algunas noches a la claridad de la luna, sin atreverse a salir de día.

En una ocasión se apoderó de ella un deseo imperioso; un capricho; quiso visitar a una dama, antigua amiga de su padre, a Mad. de Jessé, que había dicho en otras circunstancias: "Si yo fuera reina, ordenaría a Mad. de Staël que me estuviese hablando siempre." Esta señora –ya de avanzada edad– se asustó ante la idea de recibir a Mad. de Staël proscrita, y resultó al fin y al cabo que, merced a tantas indiscreciones, Fouché se enteró de la aventura. Mad. de Staël tuvo que salir de París precipitadamente. Poco después, la publicación de *Corina* hizo que se confirmara el destierro de la autora, y que se 1ª vigilase con mayor severidad. Volvemos a encontrarla en Coppet, dignificada por las persecuciones, en el centro de su corte majestuosa.

Lo que la estancia en Ferney fue para Voltaire, fue Coppet para Mad. Staël; pero su aureola, la poesía de su aislamiento eran mayores. Los dos reinaron en su destierro. Pero Voltaire, en su llanura, desde el fondo de su castillo, tendiendo la vista por sus jardines desprovistos de árboles, de sombra y de frescura, parecía gozar en la destrucción y en la hurla. La influencia de Coppet es completamente opuesta. La belleza del sitio, los bosques que dan sombra deleitosa, el sexo del poeta, la elegancia de su corte y los nombres gloriosos, los paseos por el lago, las excursiones matinales, todo contribuye a dar misterioso encanto a la vida de Mad. Staël durante este período. Coppet es el Elíseo soñado por todas las imaginaciones poéticas.

Mad. de Genlis, arrepentida de sus primeros errores y queriéndolos reparar, intentó pintar en una novela titulada *Athenáis o el castillo de Coppet* en1807, aquella vida campestre que para nosotros tiene tal encanto. No debe buscarse en este libro una pintura fiel. Los detalles son confusos y equivocados. El carácter de M. Schlegel resulta grotesco, y en conjunto se altera con recursos novelescos la verdadera poesía. En Coppet se hacía vida de temporada de recreo. Frecuentemente se reunían más de treinta personas entre amigos y conocidos; los más asiduos eran Benjamin Constant, Augusto Wilhelm de Schlegel, Sabrán, Sismondi, Bonstettién, etc., etc. Iban también, de cuando en cuando, Mathieu de Montmorency, M. Prosper de Barante, el príncipe Augusto de Prusia y gran número de personas del gran mundo. Las conversaciones literarias, filosóficas, siempre picantes o elevadas, comenzaban a las once de la mañana, durante el almuerzo; seguían luego entre la hora de la comida y la cena, que se verificaba a las once de la noche, y no se interrumpía hasta las altas horas de la madrugada. Benjamin Constant y Mad. de Staël dirigían generalmente la conversación. Allí era donde Benjamin Constant, al cual nosotros, más jóvenes, sólo recordamos en su decadencia, lucía todas las maravillosas facultades de su espíritu. Mad. de Staël le prefería: sus almas se entendieron siempre perfectamente. Nada más admirable que su conversación en aquel círculo escogido, conversación semejante a un cruce no interrumpido de ideas elevadas, geniales, *espirituales*. Y no se crea que la reunión se resentía de cierta solemnidad o erudición empalagosa. La vida en Coppet era alegremente entretenida. De cuando en cuando se representaban tragedias, dramas, las obras caballerescas de Voltaire *Zaira*, *Tancredo*, o piezas escritas expresamente por ella o por sus amigos. Estas últimas se imprimían algunas veces en París para que se pudieran aprender más fácilmente los papeles. Estos envíos a la capital despertaban gran interés. A veces, mientras la obra se imprimía, pensaba el autor en una corrección, y se enviaba un emisario, que solía ser alcanzado a veces por un segundo que llevaba encargo de modificar alguna otra cosa. La poesía europea estaba representada en Coppet por varias celebridades. Zacarías Werner, uno de los originales de esta corte y del cual se habían puesto en escena varias obras, escribía en este tiempo al consejero Scheneffer: "Mad. de Staël es una reina, y todos los hombres de inteligencia que la rodean se ven precisados a no separarse de ella porque los retiene por una especie de magia a la que no es posible resistirse. Posee de una manera admirable el secreto de unir los elementos más heterogéneos, y todos los que están a su lado, aun teniendo diversas opiniones, se ponen de acuerdo para adorar al ídolo. Mad. de Staël es de mediana estatura y, sin tener una elegancia de ninfa, tiene la nobleza de las proporciones esculturales. Es fuerte, morena, su fisonomía no es bella; pero se olvida cualquier incorrección del rostro al fijar la mirada en sus ojos soberbios, en los cuales fulgura un alma grande y generosa. Cuando se deja guiar por los impulsos de su corazón –como ocurre frecuentemente– se penetra hasta en lo más recóndito de su espíritu y es necesario adorarla como la adoran mis amigos A. W. Schlegel y Benjamin Constant, etc."

No será ocioso trazar algunos rasgos de la figura del autor de tan galante retrato. Werner era un fumador incansable, que pertrechado de una enorme provisión de tabaco, se entretenía en largas digresiones eróticas y platónicas sobre l'*androgyne*; su destino –según decía– era correr sin cesar en pos de la otra mitad de sí mismo, y de ensayo en ensayo no desesperaba de llegar por fin a reconstituir su todo primitivo. El poeta danés Œenschloeger ha relatado detalladamente una visita que hizo a Coppet, y habla del buen Werner en este sentido; copiaremos algunos otros rasgos de Mad. de Staël de la relación de Œlenschloeger:

"Mad. de Staël me invitó a pasar algunas semanas en Coppet. Hablamos en alemán, idioma que entendía perfectamente, lo mismo que sus dos hijos, que lo comprendían y lo hablaban también. Encontré en casa de Mad. de Staël a Benjamin Constant, a Augusto Schlegel, al viejo barón Voght d'Altona, a Bonstettién, de Ginebra, al célebre Sismondi de Sismondi y al conde de Sabrán. Mad. de Staël no es bonita, pero los rayos de sus ojos negros tienen un encanto indefinible; posee el don especial de conciliar los temperamentos más opuestos. Tiene la voz fuerte; la fisonomía algo varonil, pero el alma tierna y delicada. Escribía entonces un libro sobre la Alemania, y nos leía diariamente algún fragmento nuevo. Se la ha acusado de no haber estudiado los libros de que habla en su obra, y de someterse por completo al juicio de Schlegel. Es falso. Leía el alemán con gran facilidad. Schlegel tenía cierta influencia sobre ella; pero frecuentemente discrepaban y Mad. de Staël le censuraba su parcialidad. Schlegel, cuya erudición y cuyo espíritu eran dignos de respeto, era, en efecto, muy apasionado. Pone a Calderón por debajo de Shakespeare, y juzga severamente a Lutero y Herder. Si a todas las cualidades de Mad. de Staël se añade, la de ser rica y generosa, a nadie extrañará que fuera reina absoluta en aquella especie de castillo encantado; quizá era su varita mágica una pequeña rama que un criado ponía diariamente sobre la mesa al lado de su cubierto y que Mad. de Staël agitaba durante la conversación." A falta dé la rama, esgrimía constantemente el abanico o el mismo cubierto de plata. Respecto al retrato de Mad. de Staël, ya se habrá observado que todos convienen en la descripción de los rasgos principales; desde M. de Guibert hasta Œlenschoeleger y Werner. Dos retratos exactísimos nos ahorran, por otra parte, estas indagaciones literarias: el retrato pintado por madama Lebrun y el de M. Gerard. No he creído, sin embargo, ocioso recordar las otras descripciones.

La poesía inglesa, que durante la guerra del Continente no había podido asistir a este congreso permanente del pensamiento establecido en Ooppet, apareció en 1816 representada por Lewis y por Byron. Este último, en sus *Memorias*, ha hablado de Mad. de Staël con cariñosa admiración, a pesar de que se observan algunas ligerezas. Conviene, como los demás, en que la ilustre desterrada supo hacer de Coppet el sitio más agradable de la tierra. Por su parte, Mad. de Staël le tenía por *el hombre más encantador de Inglaterra*.

¡Lo que no se puede pintar o describir al hacer la historia de Coppet son los esparcimientos del día, los largos paseos por los bosques cubiertos de verdor, cierta vida íntima, en cuyo secreto desearíais penetrar, sin duda, vosotros, corazones adolescentes que sentís la rebelión contra los tiempos actuales y os apasionáis por los recuerdos del pasado! Un huésped habitual de Coppet, interrogado por mí me decía: "Salí una mañana del castillo para respirar el aire fresco; me tendí sobre la hierba cerca de un arroyo y dejé vagar la imaginación con los ojos fijos en el cielo. De pronto escuché dos voces que se acercaban; la conversación era animadísima. Quise hacer ruido para advertir mi presencia, pero era ya tarde. Había oído quejas, explicaciones, promesas... –Fuisteis muy afortunado (díjele yo). ¿Y quiénes eran los que hablaban? –Como por un delicado escrúpulo, mi interlocutor evadió la respuesta; no quise insistir. ¡Dejemos a la generación futura la explicación del misterio; nosotros estamos muy cerca de ellos todavía. Dejemos pasar el tiempo; dejemos que murmure confusamente la voz del pasado estas historias íntimas; dejemos que la imaginación embellezca un día los secretos de aquellas almas en aquel paraíso!

*Corina* apareció en 1807. El éxito fue instantáneo, universal; pero no es en la prensa donde debemos buscar el testimonio. La libertad en la crítica había dejado de existir. Mad. de Staël no podía, en aquel tiempo, insertar en *Le Mercure* un espiritual pero sencillo análisis del notable ensayo de M. de Barante acerca del siglo XVIII. Cuando apareció *Corina*, se estaba bajo el peso de la censura absoluta. Los elogios no pudieron imprimirse. Sólo *Le Publiciste* publicó tres excelentes artículos, firmados D. D., iniciales que debían pertenecer a Mlle, de Meulan (Mad. Guizot). M. de Feletz en *Les Débats*, siguió su crítica detallista y meticulosa. Un M. C. (cuyo verdadero nombre no he podido descubrir), publicó en *Le Mercure*, un artículo insignificante. Con *Corina*, Mad. de Staël entró decididamente en la gloria y en el Imperio. Hay un momento decisivo para los genios; en ese momento, los que le tributan elogios se honran a sí mismos. Europa entera coronó a Mad de Staël con el nombre de *Corina*. *Corina* es la imagen de la independencia soberana del genio. Mad. Necker de Saussure (*Noticia*), Benjamin Constant (*Misceláneas*), M. J. Chenier (*Cuadro de la literatura*), han analizado esta obra, ahorrándome a mí la tarea. "*Corina* –dice Chenier– es todavía *Delfina*, pero perfeccionada, más independiente, en la plenitud de sus facultades, y doblemente inspirada por el talento y por el amor." Es cierto; pero para *Corina*, la misma gloria sólo es una distracción brillante, una gran ocasión de conquistar los corazones. "Buscando la gloria –le dice a Oswald– he esperado siempre que con ella me haría amar." La idea capital del libro, nos muestra esta lucha de potencias noblemente ambiciosas y de la felicidad doméstica, pensamiento perpetuo de Mad. de Staël. *Corina*, aun apareciendo en algunos instantes como una sacerdotisa de Apolo, es, con relación a la vida ordinaria, la más sencilla de las mujeres. Desde el momento en que se siente dominada por la pasión, por esta garra *bajo la cual la dicha y la independencia sucumben*, admiro en Mad. de Staël el sentimiento más que el genio, admiro sus invocaciones a la santidad y a la duración de las cadenas, y la admiro a la hora de la muerte, cuando exclama: "De todas las facultades del alma que debo a la naturaleza, sólo la de sufrir es la que he ejercitado por completo." En el análisis de *Delfina*, vista a través de *Corina*, encuentro sin igual encanto; es verdaderamente admirable el marco que rodea las diversas situaciones de un alma ardiente templada por su severidad. Aquellos nombres de amantes no grabados en *Corina*, pero inscritos en los muros de las ruinas eternas, se asocian a la historia y forman parte viviente de su inmortalidad. La pasión divina de un ser que no se puede creer imaginario, introduce en el recinto de los circos antiguos una víctima más que no se olvidará nunca; el genio que arranca esa pasión de su seno, es un vencedor, cuyo nombre debe figurar al lado de todos los demás vencedores.

Paseándose Bernardino de Saint-Pierre con Rousseau, le preguntaba un día si Saint-Prieux era él mismo: "No tal –le respondió Juan Jacobo–; Saint-Prieux no es lo que yo he sido, sino lo que yo hubiera querido ser." Todos los novelistas poetas pudieran decir lo mismo. *Corina* es, para Mad. de Staël, lo que ella hubiera querido ser. De *Corina* solamente ha tenido el Capitolio y el triunfo, y tal vez la muerte por el sufrimiento.

Aquella Roma, aquel Nápoles que Mad. de Staël expresa a su manera en la novela-poema de *Corina*, M. de Chateaubriand los pintó casi al mismo tiempo en la epopeya de *Los Mártires*. Para la comparación de todos estos modos diversos de sentir y de pintar Roma, no se encuentra nada tan completo como un docto é ingenioso trabajo de M. Ampère. ¡Roma, Roma! ¡Los mármoles, los horizontes, los cuadros más grandes para prestar apoyo a los pensamientos menos efímeros!

Una persona de mucho ingenio dijo: "¡Cuánto me agradan ciertas poesías! Se puede decir de ellas lo que de Roma; o todo o nada; o se vive con ellas o no se las comprende." *Corina* no es más que una variedad de este *culto romano*, de esta manera de sentir que tiene épocas distintas en el modo de comprender la vida eterna.

Una parte seductora de *Corina*, tanto más agradable cuanto es menos conocida y manoseada, es la ingeniosa conversación colocada en boca del conde de Erfeuil acerca de la sociedad francesa. Mad. de Staël critica donosamente a aquella sociedad ligera y superficial, pero en esto está Mad. de Staël más caracterizada que nunca; desdeña aquello que pudiera expresar mejor.

Como en *Delfina*, hay retratos: Mad. de Arbigny, aquella francesa que todo lo calcula y lo arregla todo, está admirablemente pintada, lo mismo que Mad. Vernón. Se la citaba en el secreto de la intimidad (Mad. de Flahaut), lo mismo que si so supiera qué clase de elementos diversos componían la noble figura de Oswald, como si se creyera en la verdad fiel de la escena de despedida, y en los apasionados y hasta desgarradores recuerdos de Corina durante la separación.

Sea de ello lo que quicra, a pesar de que hay en *Corina* conversaciones y pinturas del mundo, no se puede por eso reprochar a Mad. de Staël una falta de consistencia y de firmeza de estilo, y demasiada ligereza y despreocupación en la distribución de los pensamientos. Ella no ha valido para la ejecución de esta obra, de la conversación ingeniosa, de la improvisación, escrita como hacía con frecuencia (*stans pede in uno*) de pié y apoyada en el ángulo de una, chimenea.

El libro de *Alemania*, que no apareció en Londres hasta 1813, iba a ser publicado en París en 1810. La censura imperial impidió la impresión. Conocida es la carta del duque de Rovigo y toda esta vergonzosa historia. La obra pudiera parecer hoy deficiente en su parte histórica; pero hay que considerar que el tiempo fue pasando y Alemania fue siendo cada vez más conocida. Aparte del honor de una iniciativa, de la cual nadie entonces había sido capaz, y que sólo Villiers hubiera podido compartir con Mad. de Staël a tener escribiendo el mismo talento que en la conversación, no creo que exista un libro en el cual se encuentre mejor pintada la índole del genio alemán: el cuadro de aquella época brillante y poética que podría llamarse el siglo de Goethe, porque la poesía alemana parece nacida y muerta con él. Después viene la descomposición y la decadencia. Al tratar de *Alemania*, Mad. de Staël insiste mucho sobre la parte filosófica, sobre el orden de doctrinas opuestas a las de los ideólogos franceses. Su criterio, al hablar de estas materias, es muy distinto del criterio mantenido durante su juventud. Se advierte en ella un anhelo creciente de moralidad en las obras. Una obra no es bastante

moral, a su juicio, si no tiene por objeto el perfeccionamiento de alguna de las facultades del alma.

En más de un pasaje adviértese también que la preocupa
la idea de combatir el suicidio. "Cuando se es muy joven
–dice– la tumba no parece más que una imagen poética,
un sueño hermoso, un lugar rodeado otros de figuras que
lloran por nosotros de rodillas; no es, sin embargo, así; por
eso cuando se avanza en el camino de la vida, llega a com-
prenderse por qué la religión rechaza con horror la idea del
atentado contra la propia existencia." En el *Ensayo sobre el
suicidio*, que apareció en 1812 en Estocolmo, se manifiesta
aún más claramente la revolución moral operada en el
espíritu de Mad. Staël.

La amargura que le produjo la prohibición inesperada
de su libro fue grande. Seis años de estudios y de esperanzas malogradas, el recrudecimiento de su persecución
cuando más necesitada estaba de una tregua, y otras
muchas circunstancias, produjeron en su espíritu una crisis violenta y entró de lleno en lo que he llamado "sus años
sombríos". A partir de este período comienzan las tristezas. La juventud, el gran consuelo, había huido. Mad. de
Staël sentía horror por la vejez; la sola idea de llegar a ella,
le causaba espanto. Un día, en que manifestó sus sentimientos delante de Mad. Stuard, ésta le dijo: "¿Qué impor-
tan los años? ¡Seréis una vieja muy agradable!" Pero ella
temblaba ante esta idea; la palabra juventud tenía una

música deliciosa para su oído. "¿No veis frecuentemente –escribe en el *Ensayo sobre el suicidio*– el espectáculo del suplicio de Mezence renovado por la unión de un alma todavía llena de vida y de un cuerpo caduco, alma y cuerpo que son enemigos inseparables? ¿Qué significa este triste desequilibrio de que la naturaleza hace preceder la muerte, sino una orden imperiosa de vivir divorciados de la felicidad, abdicando cada día, flor a flor, la corona de la vida?" Mad. de Staël deseaba llegar lo más tarde posible *a esos últimos días en los cuales se oye, como repetidos por un eco triste, los alegres clamores de la juventud.* El cariño que inspiró por este tiempo a M. Roca, sostuvo en ella cierta ilusión de juventud. Poco después la transformación se verificó; a los himnos alegres de otros tiempos, sucedió un himno grave, melancólico, austero. La religión, que hasta entonces había ocupado un lugar en sus obras, lo ocupó también en la vida práctica. Cuando era más joven, cuando no conocía el abatimiento moral y físico, le bastaba en ciertas horas de tristeza visitar la tumba de su padre, o suscitar con Benjamin Constant o con M. de Montmorency alguna conversación mística y elevada. Cuando se avanza en la vida, cuando las esperanzas se estrellan contra los sufrimientos positivos y crecientes, cuando todo falta, cuando las fuerzas decaen día por día, las inspiraciones pasajeras no sostienen ni alientan, es necesaria una creencia más sólida y más firme. Mad. de Staël la buscó donde la podía encontrar; en el Evangelio, en el seno de la religión cristiana. Antes de resignarse, por completo, el período más violento de su crisis fue durante el año que precedió a su huida. Empezaron las excusas corteses; el alejamiento de los amigos. El abandono cuando más necesitada estaba de afectos sinceros, contristaron su corazón. Se veía rodeada de una especie de fatalidad que comunicaba a los seres más queridos. "Soy el Orestes del destierro", exclamaba en el seno de la intimidad con profunda amargura. Coppet llegó a parecerle demasiado estrecho, y quiso a todo trance trasladarse a mayor espacio. El prefecto de Génova, M. Capelle, que había reemplazado a M. de Baranti, le insinuó que escribiera algo acerca del rey de Roma; una sola palabra le hubiera abierto todas las capitales; sin embargo, no pensó en escribirla ni un solo instante. *Los Diez años de destierro* pintan al natural las vicisitudes de esta situación agitada. Mad. de Staël aparece estudiando sin cesar el mapa de Europa, como el plano de una inmensa prisión de la cual tratara de evadirse.

En tales disposiciones, y después de esta crisis resuelta en una verdadera madurez interior, encontró la Restauración a Mad. de Staël. Había visto a Luis XVIII en Inglaterra. "Tendremos –anunciaba a un amigo– un rey que favorecerá la literatura." Tenía simpatías por este príncipe cuyas ideas moderadas le recordaban las de su padre. Se convirtió enteramente a las ideas políticas inglesas, a las

ideas de aquella Inglaterra que le parecía el país por exce-
lencia de la vida de familia y de la libertad pública. Su hos-
tilidad contra el Imperio, su ausencia de Francia, todo con-
tribuyó a la metamorfosis. Mad. de Staël conforme iba
envejeciendo se aproximaba a las antiguas ideas de su
padre. Los temperamentos, a medida que se envejece, vuel-
ven a adoptar las cualidades de la infancia; lo mismo que
las revoluciones después de la violencia adoptan medidas
conciliadoras, así Mad. de Staël, hacia el fin de su vida, se
acoge a ideas más templadas y más transigentes.

Las *Consideraciones sobre la Revolución francesa*, última
obra de Mad. de Staël, y que ha hecho que se clasifique su
nombre en política entre los nombres honrados de su
padre y de su yerno, la dan a conocer, bajo este aspecto
liberal, templado, inglés y un poco doctrinario, mejor que
yo pudiera hacerlo. Bien pronto, antes de su regreso a
Francia, vio dibujarse en los horizontes de la política las
exigencias de los partidos y las dificultades que complican
las restauraciones. Entonces sus consejos fueron siempre
conciliadores y prudentes. En su aproximación a Mad. de
Duras y de Mad. de Chateaubriand, buscó la inteligencia
con la parte esclarecida y generosa de un realismo más
vivo que el suyo. "Mi sistema –decía en 1816– está siempre
en oposición absoluta con aquel que se sigue y con mi sin-
cero afecto para aquellos que lo siguen." Mad. de Staël tuvo
que sufrir mucho en este tiempo por las divergencias que

estallaron entre sus amigos; los lazos de la amistad se rompían a su alrededor; alguna amistad nueva como la de madame Mackintosh no la compensaban de otras pérdidas sensibles.

El espectáculo de estas rupturas de las más entrañables relaciones afectó singularmente a madame de Staël y la desligaron, si no de la vida, al menos de las vanidades y las satisfacciones perecederas. Había acabado por encontrar menos placer en escribir a M. de Motmorency, al *admirable amigo*, a causa de estas malhadadas divergencias. Sensible Mad. de Staël a tales circunstancias y atacada ya de una enfermedad que iba en aumento, se refugió en la familia, o quizá en algo más augusto: en la fidelidad a *aquel que no nos es infiel nunca*, y murió en París el 14 de Julio de 1817. La víspera de su muerte se había hecho conducir al jardín, y después de dirigir palabras llenas de unción a los que la rodeaban, repartió entre ellos las flores de un rosal como último recuerdo.

La publicación póstuma de las *Consideraciones* fue un verdadero suceso a modo de brillantes y públicos funerales. Mad. de Staël proponía a la Revolución francesa y a la Restauración una interpretación política destinada a conseguir una influencia durable. Algún partido hizo de las *Consideraciones* un arma. Los juicios escritos acerca del libro fueron numerosos. Benjamin Constant en *La Minerve* y M. de Fitz-James en *Le Conservateur*, analizaron la obra en sentidos completamente opuestos como era natural. La influencia que madame Staël ejerció por medio de sus *Consideraciones* en el partido liberal filosófico fue muy directa. Pero aquellas ideas conciliadoras y expansivas, han sido olvidadas en más de una ocasión.

Pero es en los dominios del arte, sobre todo, donde la influencia de Mad. de Staël ha sido hermosa, eficaz, cordial, favorable siempre a los talentos nuevos, a los cuales buscaba y aconsejaba sabiamente. Para todos los que brillan hoy día diseminados, ella sigue siendo quizá el único lazo de unión porque se perfeccionaron a su lado en el arte y en el pensamiento.

¡Oh si Mad. Staël hubiese vivido! Ella, tan entusiasta, tan amante, tan sincera, ¡cómo hubiera buscado, entre todos esos talentos, un talento eminente de mujer, a quien no quiero comparar con ella todavía (nos referimos a George Sand)! ¡Cómo en ciertos momentos de severidad del falso mundo y de los falsos moralistas, después de *Lelia*, la hubiera acogido llena de ternura y de indulgencia! Delfina, sola entre todas las mujeres del gran mundo, se había sentado al lado de Mad. R... En vez de tributarle malignas alabanzas, Mad. de Staël hubiera anunciado a aquel genio, más artista que ella, aunque menos sabia, menos filosófica y menos versada en los asuntos políticos...¡Cómo le hubiera hecho amar la vida, la gloria!¡cómo le hubiera hablado de la *clemencia del cielo y de una cierta hermosura del uni-*

*verso que predice al hombre días mejores!* ¡cómo hubiera aplaudido su inspiración!

¡Oh, tú, a quien la opinión unánime proclama la primera en literatura, después de Mad. de Staël, yo sé que la profesas una sincera admiración como en agradecimiento profundo y tierno por el bien que le quiso hacer y que seguramente te hubiera hecho! ¡Siempre habrá en tu gloria un lazo primitivo que lo ligue a la suya!

Boccaccio:
*Dante Alighieri*

Piet Mondrian:
*Pureza de la pintura*

Griselda Pollock:
*Mary Cassatt, pintora impresionista*

Max Scheler:
*El héroe y el genio: modelos y valores*

Emilia Pardo Bazán:
*Balzac, la comedia humana*

Tomás Moro:
*Utopía*

José Ingenieros:
*El hombre mediocre*

William Blake:
*El libro de Urizen*

Ramón Gómez de la Serna:
*Charles Baudelaire, el desgarrado*

Pedro Ortega:
*Arte y sociedades secretas*

Margarita Nelken:
*Tres tipos de Vírgenes*

Rainer Maria Rilke:
*Auguste Rodin: cartas al maestro*

Romeo Galli:
*Lavinia Fontana, pintora (1552-1614)*

Ivan Turguenev:
*Hamlet y Don Quijote*

Manuel Azaña:
*Cervantes o la invención del Quijote*

Marcel Proust:
*El caso Lemoine*

Wilhelm Dilthey:
*Satanás en la poesía cristiana*

Amelina Correa Ramón:
*Amalia Domingo Soler y el espiritismo de Fin de siglo*

Ramón Gómez de la Serna
*Gérard de Nerval, una vida*

John Reed
*Pancho Villa (1878-1923)*

Yvonne Bourget:
*Sarah Bernhardt, actriz (1844-1923)*

Juan Francisco Pastor Paris:
*Expresionismo*

César Barrio:
*Lo que no se ve: contenido de la obra de arte*

Victor Hugo:
*William Shakespeare*

Mark Twain:
*¿Ha muerto Shakespeare?*

André Gide:
*Oscar Wilde: in memoriam*